CHANTS DES FÉLIBRES

POÉSIES PROVENÇALES

MODERNES

TRADUITES EN VERS FRANÇAIS

AVEC DE NOMBREUSES NOTES

PAR FRANÇOIS DELILLE

Félibre Provençal

« IL Y A UNE VERTU DANS LE SOLEIL. »
LAMARTINE, *Cours de Littérature, XLe Entretien :
Apparition d'un poème épique en Provence*

PARIS
AUGUSTE GHIO, ÉDITEUR
PALAIS-ROYAL, 1, 3, 5, 7, GALERIE D'ORLÉANS

MARSEILLE | AVIGNON
LIBRAIRIE E. CAMOIN | LIBRAIRIE J. ROUMANILLE

AIX
LIBRAIRIE MAKAIRE

1881

CHANTS DES FÉLIBRES

POÉSIES PROVENÇALES

MODERNES

TRADUITES EN VERS FRANÇAIS

DU MÊME AUTEUR

EN PRÉPARATION :

FLOUR DE PROUVÈNÇO

Recuèi de Pouësio prouvençalo, emé la tradoucioun francoso e de noto. Un voulumo, in-18, fourmat Charpentier, en dos partido : I, Flour de Mar ; II, Flour de Campèstre.

CHANTS DES FÉLIBRES

POÉSIES PROVENÇALES

MODERNES

TRADUITES EN VERS FRANÇAIS

AVEC DE NOMBREUSES NOTES

PAR FRANÇOIS DELILLE

Félibre Provençal

« IL Y A UNE VERTU DANS LE SOLEIL. »
LAMARTINE, *Cours de Littérature,* XLe *Entretien ;*
Apparition d'un poëme épique en Provence.

PARIS

AUGUSTE GHIO, ÉDITEUR

PALAIS-ROYAL, 1, 3, 5, 7, GALERIE D'ORLÉANS

MARSEILLE	AVIGNON
LIBRAIRIE E. CAMOIN	LIBRAIRIE J. ROUMANILLE

AIX

LIBRAIRIE MAKAIRE

1881

MARSEILLE. — Typographie Marius Olive.

INTRODUCTION

Le premier sentiment auquel on obéit quand on traduit en vers une œuvre poétique, est, croyons-nous, le sentiment de l'admiration. On a été enthousiasmé par la lecture d'un beau poème ou d'une pièce de poésie remarquable, on aime à versifier, et l'on éprouve le besoin de transporter dans sa propre langue, les beautés qu'on a admirées dans l'original.

A ce désir en succède naturellement un autre : celui de faire connaître à ses compatriotes quelques-unes des richesses d'une littérature qui peut leur être étrangère ou peu familière.

C'est ainsi, pour ne parler que des traductions françaises d'œuvres provençales, qu'Émile Deschamps et feu l'abbé Bayle, que MM. le colonel Dumas, Jules Saint-Remy, Paul Ferrier, Léopold Sergent, Ernest Hamelin, Fertiault et d'autres encore nous ont donné des traductions en vers français de poésies empruntées à différents félibres ; et que nous devons à M. Rigaud, premier président à la cour d'Aix, et à M. Hennion, deux remarquables traductions du poème de *Mireille*.

Nous-même, né en Provence, mais transporté enfant à Paris, nous avions en partie oublié, durant un long séjour dans la capitale, la langue de notre berceau ; les poésies des félibres nous l'ont réapprise. Depuis la fondation du Félibrige, ayant lu assidûment les œuvres qui honorent la nouvelle Ecole poétique provençale, nous aimions, pour nous délasser des devoirs du professorat, à traduire de temps à autre quelques-unes des pièces qui nous avaient le plus frappé. Par ce travail, continué jusqu'à ce jour, nous nous sommes trouvé en possession de près de deux cents traductions. Nous avons alors pensé que nous pouvions, à notre tour, apporter notre modeste pierre au patriotique édifice de la Renaissance de notre littérature méridionale. Avec Saint-René Taillandier, l'éloquent académicien qui aima tant la cause provençale, et qui en fut un des plus zélés promoteurs, nous nous sommes dit : *On peut aussi félibrer en français !*

Nous avons donc relu nos traductions, en étant à nous-même, selon le conseil de Boileau, *un sévère critique*. Nous avons mis de côté celles qui ne nous ont pas paru dignes d'être imprimées ; nous avons revu les autres avec soin, et nous en avons formé le volume que nous publions aujourd'hui.

Nos pièces sont empruntées à bien des auteurs, et se rapportent à des genres et à des sujets très-divers. Cependant, comme nous ne donnons, de chaque félibre, qu'un très-petit nombre de pièces, et souvent qu'une seule, nous ne pouvons pas, on le comprendra, malgré cette variété, faire connaître à fond le génie, la tournure d'esprit, la façon d'écrire propres à chacun d'eux. Mais si, par notre travail, nous sommes arrivé à donner une idée vraie et suffisamment complète de la valeur des œuvres félibréennes en général, un de nos plus ardents désirs se trouvera réalisé.

Afin de mettre de l'ordre dans la succession des pièces, le livre commence par les félibres provençaux, qui sont les plus nombreux. Les deux poètes prédécesseurs immédiats du Félibrige, ou l'ayant à peine salué à son aurore, ouvrent cette riche série. Immédiatement après eux, viennent les sept fondateurs de la nouvelle École; puis, et autant que possible selon leur rang d'ancienneté, suivent les autres poètes formant le glorieux contingent de la Provence proprement dite. Ensuite, se présentent les écrivains dauphinois, languedociens, gascons, limousins, etc., etc.; et, pour eux, les mots : Dauphiné, Languedoc, Limousin, etc., placés au-dessous du titre de leurs pièces, indiquent la province à laquelle ils appartiennent, en même temps que le dialecte néo-roman dans lequel ils ont écrit.

Nous tenons à affirmer à nos chers confrères les félibres, ainsi qu'à nos lecteurs, qu'aucune préférence, qu'aucun parti pris n'ont présidé au classement des pièces contenues dans ce volume. En général, nous avons suivi l'ordre chronologique, afin que notre tableau de la littérature félibréenne se présentât au lecteur avec plus de clarté ; et si, quelquefois, nous nous sommes départi de cette règle, c'est uniquement afin d'introduire de la variété dans l'ensemble du livre, c'est pour qu'une pièce gaie, par exemple, succédât à une pièce sérieuse ou élégiaque, ou réciproquement ; c'est, enfin, pour chercher, avant tout, à plaire, dans l'intérêt de la cause pour laquelle nous travaillons.

Dans la succession des poètes, le lecteur ne manquera pas de remarquer deux groupes spéciaux. L'un est celui des prêtres, des religieux et des humbles Frères de nos écoles, que la Muse chrétienne aime à visiter dans leur existence d'abnégation et de dévouement. L'autre est le groupe charmant, digne à la fois d'estime, d'affection et de respect, des dames, des demoiselles et même des Religieuses félibresses. Il nous est même venu en pensée de former un troisième groupe, celui des poètes agriculteurs, fermiers, paysans ou fils de paysans, qui se glorifient, dans leurs œuvres, d'être des fils de la terre, et auxquels l'inspiration prodigue ses plus précieuses faveurs ; mais cette phalange eût été trop nombreuse. Seulement, ces catégories si caractéristiques confirment ce fait, d'ailleurs indiscutable, que nos provinces du Midi sont largement dotées sous le rapport des dons de l'imagination; et elles prouvent en même temps la justesse de la belle pensée de Lamartine, que nous avons donnée pour épigraphe à ce volume : « *Il y a une vertu dans le soleil !* »

Nous tenons encore à signaler ce fait, que la littérature provençale procède essentiellement d'elle-même. Sans doute, ses poètes ne s'abstiennent pas d'aller parfois puiser aux sources de la riche antiquité, comme à celles de notre belle littérature française ou des littératures étrangères. Mais, ce qu'on peut affirmer en toute vérité, c'est que la poésie provençale sait surtout trouver ses inspirations dans son histoire, dans ses mœurs, dans ses coutumes, dans son soleil, son beau ciel, sa mer bleue qui fut celle d'Homère et de Virgile, et dans ses riches paysages enfin qui rappellent si bien les horizons de l'Attique et de la Judée. Aussi, si notre volume contient des pièces traitant de sujets généraux, il en contient bien davantage se rapportant à la Provence. Nous avons voulu lui conserver cette physionomie, et, en traduisant, nous avouons avoir obéi à cette prédilection.

Nous avions aussi traduit quelques poésies empruntées à des auteurs compris entre le XVI° siècle et la naissance du Félibrige. Bien qu'elles sortent peut-être de notre cadre, nous les avons insérées à la fin du volume, parce que celle qui est tirée de Belaud de la Belaudière nous a suggéré quelques considérations littéraires qui nous semblent importantes, et parce que la dernière, d'après le poète Jasmin, est une ode en l'honneur de Marseille, notre chère patrie !

Chaque pièce porte, sous son titre français, son titre néo-roman ; puis, le nom de l'auteur traduit, et enfin, l'indication de celui de ses ouvrages, ou du recueil collectif : almanach, revue, journal, etc., auquel la pièce a été empruntée.

Par cette disposition, se déroule de lui-même le tableau des écrivains néo-romans et de leurs œuvres. Afin de le compléter, une courte notice littéraire, accompagnant la pièce ou les pièces de chaque félibre, donne l'énumération de ses principales productions. Pour les poètes vivants, nous nous abstenons presque toujours, et par un sentiment de réserve qui sera compris, de toute appréciation élogieuse ou critique. Mais, pour les poètes morts, nous sommes plus explicite sur la valeur de leurs œuvres, nos éloges ne pouvant plus ressembler à de la flatterie.

Enfin, dans la table des matières, les pièces sont indiquées sous les noms de leurs auteurs rangés par ordre alphabétique, ce qui facilitera les recherches.

On nous reprochera peut-être de n'avoir pas aussi suivi cet ordre alphabétique des noms d'auteurs, pour l'arrangement des pièces dans le corps du volume ; mais cette disposition aurait livré la succession des pièces absolument au hasard, tandis que notre but, nous venons de le dire, était d'offrir, de la littérature provençale, un tableau aussi clair et présenté avec autant d'art que possible : double condition que ne saurait remplir l'ordre alphabétique. Des couleurs placées sur une palette selon la gamme des tons, depuis le blanc jusqu'au noir, peuvent servir à faire un tableau, mais ne forment pas elles-mêmes ce tableau.

Telles sont les dispositions du volume.

Nous ne dirons que peu de mots touchant les efforts que nous avons faits pour rendre notre travail digne des auteurs que nous avons interprétés. Mais, bien que nous y ayons mis toute notre conscience, une juste défiance de nous-même et et la difficulté de la tâche que nous avons entreprise nous font un devoir de réclamer l'indulgence des auteurs, des lecteurs et de la critique.

Ceux de nos confrères qui ont traduit en vers français quelques poésies provençales, connaissent ces difficultés. Ils savent combien le génie des deux langues est différent ; ils savent que souvent des mots qui riment en provençal, traduits littéralement en français, ne riment plus, ce qui oblige de recourir à des équivalents, c'est-à-dire à des à-peu-près ; ils savent enfin que le provençal étant bien plus concis que le français, si l'on veut s'astreindre au rhythme de l'original, il est parfois presque impossible de faire entrer dans le vers français toutes les idées contenues dans le vers provençal.

Aussi, croyons-nous que tout ce qu'on doit raisonnablement exiger d'un traducteur en vers, c'est qu'il rende exactement le sens, la physionomie, la couleur de l'œuvre originale. Mais, si on réclame de lui l'exactitude scrupuleuse de la traduction littérale en prose, la rigueur du mot-à-mot, nous pensons qu'on lui demande tout simplement une chose impossible. Sans doute, quand le sens littéral peut être conservé, on doit s'y assujettir, mais sans cesser, néanmoins, pour atteindre à une plus grande fidélité, d'être aussi littéraire et même aussi élégant que le comporte une œuvre poétique.

Et c'est pourquoi, sans pousser plus loin ces considérations, nous nous bornerons à prier ceux qui veulent juger équitablement surtout les traductions en vers, de se rappeler cette belle réflexion de Lamartine, qui fut non-seulement un illustre poète, mais aussi un grand critique littéraire, et qui dit : « *De tous les livres à faire, le plus difficile, à mon avis, c'est une traduction.* » (*Cours de Littérature*. LXXVIIe entretien, tome XIII, page 318.)

Ce livre est donc une œuvre de vulgarisation. Et c'est pourquoi, en regard de nos traductions, nous ne donnons pas les textes provençaux. Pour les méridionaux, ces textes sont inutiles, car les provençalisants possèdent presque tous les ouvrages auxquels nous avons fait des emprunts ; et, quant aux personnes qui ne comprennent pas le provençal, l'insertion de ces textes n'aurait fait qu'accroître, sans grand profit pour elles, la grosseur et le coût du volume.

Cet ouvrage est encore une œuvre de conciliation ; et c'est ce qui nous avait d'abord engagé à le publier sous le titre : FRANCE ET PROVENCE. Mais, tant de jugements erronés ont été portés contre les félibres, on a tant fait peser sur eux, et sans aucun fondement, l'odieuse accusation de tendance au séparatisme, que nous avons craint que quelques esprits systématiquement hostiles, sans prendre la peine d'écouter nos raisons, vissent dans ce titre, non un témoignage d'amitié et de patriotisme, mais une expression de regret et de discorde. Malgré ce que ce titre pouvait avoir de poétique, nous l'avons donc abandonné, en y substituant celui de *Chants des Félibres.* Quoique plus modeste, ce dernier aura, du moins, l'avantage d'indiquer avec précision, dès le frontispice, la nature du livre et son sujet.

Nous avons dit plus haut que notre désir était de faire connaître et apprécier, dans son ensemble, la nouvelle littérature méridionale. Mais notre vœu, on le concevra, est aussi de la faire aimer. Si nous sommes assez heureux pour avoir obtenu, surtout auprès des lecteurs du nord, cet enviable résultat ; si nos humbles traductions contribuent à dissiper les injustes préventions que quelques personnes, même lettrées, conservent encore contre la littérature néo-romane ; si nous les avons amenées enfin à reconnaître, avec l'illustre Villemain, que *la France est assez riche pour avoir deux littératures,* alors, nous regarderons notre but comme pleinement atteint, et nous croirons que notre travail ne manque pas d'une certaine utilité !

Sous l'influence de ces dispositions, si quelques lecteurs désirent s'initier plus complètement à la connaissance de la langue et de la littérature provençales, nous leur conseillerons alors de se procurer les œuvres des félibres, dont les auteurs eux-mêmes ont donné, en regard du texte provençal, la traduction littérale en prose. Ces traductions, très-fidèles et très-élégantes, sont seules efficaces pour apprendre la langue provençale. Les traductions en vers peuvent bien être des introductrices aimables, encourageant à l'étude de cette langue et de cette littérature ; mais elles ne sauraient en être les institutrices. La traduction littérale en prose peut seule accomplir cette œuvre d'enseignement : car, si, dans un passage, on rencontre un mot qu'on ne comprend pas, la traduction en prose donne aussitôt la signification de ce mot avec le sens précis que l'auteur y a attaché dans la phrase ou il l'a employé.

Nous terminerons là cette Introduction, trop longue peut-être, mais où nous avons tenu à bien expliquer la nature et le but de ce recueil.

**

Noble poésie provençale ; et toi, douce langue de mon pays, qui fus, comme le proclame un historien célèbre *, *la seconde*

* Augustin Thierry. *Histoire de la Conquête de l'Angleterre par les Normands ;* dernier alinéa du Livre VIII.

langue romaine, presque aussi polie que la première ; toi, *la langue de notre gloire,* car tu as été *celle de la belle poésie au moyen âge :* que d'heures délicieuses vous m'avez fait passer l'une et l'autre sous le ciel souvent brumeux de la capitale ! Comme témoignage de filiale affection, je vous ai élevé cet humble monument, afin de vous glorifier et de contribuer à répandre votre influence autant que je le puis.

Et vous, chers Félibres, mes compatriotes, dont les écrits m'ont charmé et m'ont révélé les richesses de notre langue maternelle, recevez ici publiquement l'expression de ma gratitude. Désormais, si la Muse daigne m'accorder encore quelques inspirations, je veux suivre votre exemple. Après ce tribut payé à la sœur de notre idiome national, à la belle langue française, dans laquelle j'écrivis jadis sur de tout autres sujets *, je ferai maintenant comme vous. Je prendrai en mains le galoubet et le tambourin, ces deux instruments bien-aimés de notre antique Provence ; et, accompagné par eux, je m'appliquerai à moduler mes modestes tensons dans la langue limpide, imagée, sonore et harmonieuse des Roumanille, des Mistral et des Aubanel !

François DELILLE,
Officier de l'Instruction publique.

Marseille, plage du Prado, 20 mars 1881.

* Des ouvrages scientifiques.

CHANTS DES FÉLIBRES

POÉSIES PROVENÇALES

TRADUITES

EN VERS FRANÇAIS

HOMÈRE
OUMÈRO

D'APRÈS FEU ADOLPHE DUMAS[1]

UN LIAME DE RASIN (RECUEIL COLLECTIF)

ET ARMANA PROUVENÇAU DE 1858

Il vous souvient du vieil Homère,
Ton maître, Roumanille, et toi, Mistral, le tien,
Et le Dieu de nous tous, s'il eût été chrétien.
Il vous souvient aussi de sa noble misère !

Son bâton soutenait ses membres tout tremblants ;
  Et les enfants s'en allant à l'école,
  Aveugle, lui faisaient traverser la rigole,
Car il avait passé ses soixante et dix ans.

On le voit cheminer d'une démarche lente ;
Puis il s'assied devant les portes, sur un banc,
En priant qu'on lui donne un morceau de pain blanc ;
Et, quand il l'a mangé, reconnaissant, il chante.

   Mais les hommes qui sont jaloux,
Même quand vous avez bien célébré leur gloire,
Chantres, ne veulent pas (on a peine à le croire)
  Que vous chantiez ensuite un peu pour vous.

Quand, donc, on lui disait : « Êtes-vous de l'Attique ? »
   Alors il chantait des couplets
   Comme des grains de chapelets
   Ou comme une prière antique.

Si l'on disait : « C'est l'un de ces Thébains grossiers,
Ou bien, c'est un rustaud venu de Béotie »,
En éclats résonnait alors sa poésie,
Ainsi que le tonnerre au milieu des rochers.

Mais, quand on lui disait : « Vous êtes d'Ionie ! »
Le vieillard, rappelant ses souvenirs passés,
Se revoyait dormant sur quelques joncs tressés,
   Premier berceau de son génie.

   L'Ionie était son Midi,
   Où son enfance fut bercée,
   Où sa jeune mère abusée,
En baisant son enfant, oubliait son souci.

Il entendait encor les notes cadencées
   De cette chère et douce voix,
Comme nous entendons le mistral, sous nos toits,
Faire gémir la porte et grincer les croisées.

On dit qu'il saisissait entre les peupliers
   De vrais échanges de paroles,
  Et que, pour lui, des mers les brises folles
Conversaient sur la rive à travers les osiers.

  Tel, du caillou qui la recèle,
Brûlant d'ardeur, on voit un noble cheval blanc,
Frappant des pieds, se fouettant le flanc,
  Faire jaillir l'éclatante étincelle :

Tel s'offre à nous Homère tout bouillant,
   Avec son soleil qui rayonne,
   Avec sa langue qui résonne,
  Sous le ciel bleu de l'Orient.

Les Athéniens, gens pleins de pruderie,
Prétendaient qu'il gâtait leur langage apprêté,
Comme un élégant crie au contact redouté
D'un maçon le frôlant de sa blouse blanchie.

Homère répondait : « Mes beaux Messieurs, tout doux !
   Après nous marche votre Athène :
La langue que je parle est la plus ancienne ;
Je sais aussi la vôtre, et la sais mieux que vous. »

Puis, à Chio, dans sa Cyclade,
On dit que de misère il s'en alla mourir...
Depuis lors, les savants cherchent à découvrir
Trois langues sœurs dans l'*Iliade*.

Mais, Homère ! pas moins, nous aimons tes accents,
Car ta bouche sincère a gardé la bouchée
Que te donna la première becquée
Due à l'amour de tes parents.

Homère est le Provençal de l'Asie,
Marchant sans bas et sans souliers ;
Comme les Provençaux, il fut un des premiers
Qui firent aux humains goûter la poésie.

« Oui, vous êtes de Smyrne, et nous vous connaissons,
Et votre père a conduit la charrue,
Et votre accent trahit de quels lieux est venue
La Muse à qui vous devez vos chansons. »

Ainsi parlaient les fats. Mais les marins, les pâtres
Et les gens de métiers, pour corriger ces sots,
Payaient de coups de pied tous leurs méchants propos,
Et leur donnaient de bons emplâtres.

On dit même qu'un forgeron
Dont la femme au vieillard avait fermé sa porte,
(C'est Plutarque qui le rapporte)
La battit pour ce fait, et de belle façon.

Tous les villages de la Grèce
L'ont vu naître et l'ont vu mourir ;
Les plus pauvres ont eu l'honneur de le nourrir
Et l'ont entouré de tendresse.

Sur cent hameaux, on n'en trouve pas trois
Qui ne gardent (ils le démontrent)
Son berceau d'enfant qu'ils vous montrent.
On dirait que, chez eux, Homère est né cent fois.

Ce n'est rien, tant la Grèce en nobles cœurs abonde !
Quand il mourut, sa mort pour tous fut un tel coup,
Qu'on aurait dit qu'il était mort partout,
Tant il fut en tous lieux pleuré par tout le monde.

Et regardez comme c'est beau !
Les cent tribus qui peuplent les Cyclades
Et les enfants sans nombre des Sporades
Prétendent tous posséder son tombeau.

De Smyrne jusqu'à Salamine,
De Salamine à l'Hellespont,
Ce concert merveilleux avec force répond
Aux gens qui font la fière mine,

Et qui veulent qu'on croie à leur sincérité,
Lorsqu'ils disent (ils me font rire) :
« J'aime le peuple ! », quand ils ne veulent que dire :
« J'aime la popularité. »

Pour ces beaux ménestrels de manoirs, de tourelles,
      Le genre peuple est sans attraits ;
      Il leur faut des rois, des palais,
A ces habitués des boudoirs, des ruelles.

Mais qu'ils aillent donc dire aux bons marins crétois
      De Lesbos ou de Mytilène :
      « Le beau Pâris, plus beau qu'Hélène,
N'est qu'un simple berger qui parle le patois.»

      Ou bien : « Ces moissonneurs d'Homère,
Sur l'aire, quand ils ont achevé leurs moissons,
      Dansent en chantant des chansons
Qui s'écartent souvent des lois de la grammaire.»

Allez leur dire aussi qu'il est choquant et laid
De voir Vénus, Pallas et Junon la superbe
A ce petit berger qui repose sur l'herbe
Demander sans façon : « Qui de nous trois te plaît ? »

Et ce petit berger agenouillé, tout comme
S'il allait de Vénus embrasser les pieds nus,
Lui dire : « Mais, c'est toi qui me conviens le plus ! »
    Et, sur le champ, lui présenter la pomme.

Ajoutez qu'il vous semble encor de mauvais ton
Qu'Achille, sans manteau, les bras nus et nu-tête,
Même pour Briséis, s'avise, un jour de fête,
De mettre sur le gril un carré de cochon.

Ce serait comme si vous étiez en tristesse
De voir moi, Roumanille et le bon Mistralet
      Boire, à Maillane, au cabaret,
Et, sans nappe, y manger gaîment la bouillabaisse.

     Dans le peuple, il n'est rien de bas,
      Ni chants, ni fêtes, ni ribotes ;
Il danse mieux que vous, messieurs avec des bottes ;
Même lorsque ses pieds n'ont ni souliers, ni bas.

      Depuis le pain de l'Evangile,
Le peuple se nourrit de ce qu'il doit au Ciel,
Du lait de ses brebis, de ses rayons de miel
      Et des châtaignes de Virgile.

Quand il souffre, l'hiver, eh bien ! nous l'allons voir.
Nous chantons. Il oublie, en écoutant, qu'il pleure.
Dieu nous rendra, quand viendra l'heure,
Ce que nous aurons mis sur son pauvre pain noir.

C'est vous que je veux peindre, écrivains de génie,
Hommes de cœur aussi, Roumanille et Mistral.
Au peuple, de vos vers, vous offrez le régal :
Au peuple vous devrez une gloire infinie.

Et si quelqu'un, de moi, dit en haut lieu :
« Sa muse est bien vulgaire et ses chansons pauvrettes »,
Je répondrai : « Miaulez donc, chouettes !
Je laisse faire le bon Dieu ! »

---

[1] Adolphe DUMAS, contemporain de la fondation du Félibrige, naquit en 1806, à Bon-Pas, sur les bords de la Durance, en Vaucluse, mais sa famille était de Cabannes (Bouches-du-Rhône) La plupart de ses œuvres : poèmes, drames, comédies sont écrites en français. Cependant, il a laissé sous le titre : *Mi Regrèt de Prouvènço*, un certain nombre de poésies provençales, dont vingt-deux se trouvent insérées dans *Un Liame de Rasin* (Grappes de Raisin), recueil collectif publié par MM. Roumanille et Mistral (Avignon, 1865).

Adolphe Dumas écrivait, en parlant de *Mireille* : « Je veux être le premier, à Paris, qui aura découvert ce qu'on peut appeler dès aujourd'hui le Virgile de la Provence... J'ai le poème dans les mains, il est signé Frédéric Mistral, du village de Maillane, et je le contresigne de ma parole d'honneur, que je n'ai jamais engagée à faux, etc. » Ce fut, en effet, Adolphe Dumas qui présenta Mistral à Lamartine.

Tous les provençalisants connaissent les odes de Roumanille et de Mistral sur la mort de *La Tourtouro* (La Colombe) d'*Adòufe Dumas*, qui lui-même composa sur ce sujet une de ses plus belles odes françaises : *Ma Colombe*. Cette ode se trouve dans le tome XIV, Entretien LXXX° du *Cours de Littérature* de Lamartine ; plus de la moitié de cet entretien est consacrée à Adolphe Dumas que Lamartine appelle « le second Gilbert français, plus fécond, plus ardent et moins acerbe que le premier. »

Ce charmant poète, se trouvant accidentellement seul, mourut entouré seulement de quelques femmes de pêcheurs, au hameau de Puys, près Dieppe, le 15 août 1861.

LISE

LISO

D'APRÈS FEU CASTIL-BLAZE [1]

UN LIAME DE RASIN (RECUEIL COLLECTIF)

BABELET

Lise, te voilà fille faite,
Et, bientôt, viennent les magnans [2],
Sans qu'il faille en être inquiète,
Auront sonné tes dix-sept ans.
Lise, tu le sais bien, pechère [3] !
Tu l'entends cent fois répéter :
Que jeune fille avec sa mère
Ne peut au croc toujours rester.

LISE

Mère, qui m'avez caressée,
Par moi vous seriez délaissée !
Mais je deviendrais la risée,
A bon droit, de tout Cavaillon.
A vous mon cœur et ma tendresse !
Près de vous, pleine d'allégresse,
On me verra, même à la messe,
Liée à votre cotillon.

1.

BABELET

Janet me semble un brave drille :
Il ne va point aux cabarets,
Il est de prestance gentille,
Campé ferme sur ses jarrets.
D'attentions il est prodigue,
Et non sans plaisir je l'ai vu ;
Il a trois hermes de garrigue [4],
Et son mas [5] de tout est pourvu.

LISE

Je pleure comme Madeleine,
Je vois où tout cela nous mène !
Oh ! je le devine sans peine :
Vous voulez donc me marier ?
Pour entrer dans votre pensée,
Je dirai que Janet m'agrée ;
Mais, vous voir seule, abandonnée...
Je ne puis vous sacrifier !

BABELET

Ne te chagrine pas, ma chère,
Car ce n'est pas pour maintenant ;
Nous reparlerons de l'affaire
Dans six mois ou bien dans un an.
Console-toi, ma belle reine !
Rien n'est encor négocié :
C'est un propos dit en semaine,
Qui, le dimanche, est oublié.

LISE

Quoi ! vous voulez que les commères,
Avec leurs langues de vipères,
Désormais ne ménagent guères
Mon honneur par tous déchiré !
Mais, ma mère, il n'est jamais sage
De différer un mariage.
Dépêchons, et vite à l'ouvrage !
Buvons le vin, s'il est tiré !...

---

[1] François-Henri-Joseph CASTIL-BLAZE naquit à Cavaillon (Vaucluse) en 1784. et mourut à Paris en 1857. Il a écrit sur la musique beaucoup d'ouvrages français, dont les principaux sont : *De l'Opéra en France, Dictionnaire de Musique moderne, L'Opéra-comique, L'Opéra italien, Molière musicien*, etc. Il a aussi composé la musique de deux opéras : *Belzébuth* et *Bernabo*, et celle de ses poésies et chansons provençales. Ces poésies, au nombre de vingt-sept, sont publiées sous le titre général de : *Revihet di Magnanairis, Vendemiairis et Oulivairis* (Réveille-matin des Magnarelles, Vendangeuses et Oliveuses), dans *Un Liame de Rasin*, recueil collectif que nous avons déjà cité en parlant d'Adolphe Dumas. Dans son *Molière musicien*, Castil-Blaze dit, en parlant de ses chansons : « Je n'attache de prix qu'à mes œuvres provençales : c'est le seul bagage poétique et musical que je lègue à la postérité. » — Castil-Blaze qui, comme Adolphe Dumas, vivait habituellement dans le nord de la France, et qui, comme lui, mourut peu après la fondation du Félibrige, peut être regardé également comme un des précurseurs de la grande rénovation littéraire provençale.

[2] Les vers à soie.

[3] Terme provençal d'amitié qui peut se traduire par *pauvrette !*

¹ *Garrigue*, nom donné, en Provence, aux landes, aux terres incultes ou en friche, où croissent chênes nains, genêts, bruyères, thym, lavande, etc., mais excellentes pour le pâturage des troupeaux.

⁵ *Mas*, nom donné aux fermes dans l'arrondissement d'Arles.

A LAMARTINE
DÉDICACE DU POÈME DE MIREILLE [1]

MIRÈIO

D'APRÈS M. Frédéric MISTRAL

LIS ISCLO D'OR : LI SALUT

Si ma petite barque à la voile latine,
Dès l'aube, heureusement s'avance sur les mers,
Mon âme t'en bénit, ô divin Lamartine
Qui pris son gouvernail au milieu des hivers !

Si, de lauriers fleuris sa carène est ornée,
Ce bouquet glorieux, c'est toi qui me l'as fait ;
Ma voile par le vent de ta gloire est enflée,
Et ton souffle puissant la pousse en son trajet.

Aussi, comme un marin qui, vers l'église blonde,
S'achemine en montant les pentes du coteau,
Et près l'autel du saint qui l'a gardé sur l'onde,
Reconnaissant, suspend un beau petit vaisseau,

De ma MIREILLE, ami, je t'offre ici l'hommage :
C'est mon âme et mon cœur et la fleur de mes ans ;
C'est un raisin de Crau qu'avec tout son feuillage
Te présente, ô mon maître, un fils de paysans !

Quand, sous ton noble toit, comme ces rois antiques,
Tu m'accueillis, moi jeune, étranger dans Paris,
Que tu me lus, et puis qu'en accents prophétiques,
Généreux, tu me dis : *Tu Marcellus eris*,

De même qu'au soleil l'œil charmé voit se fendre
La grenade, tu sais que mon cœur s'entr'ouvrit,
Et que, ne trouvant pas de langage plus tendre,
Mon âme sur ton âme en pleurs se répandit !

---

[1] La plus remarquable, parmi les nombreuses appréciations du poème de *Mireille*, est certainement celle de Lamartine qui y a consacré tout le XL⁰ Entretien de son *Cours de Littérature*, tome VII. Dans cet Entretien, qui a pour titre : *Littérature villageoise, Apparition d'un poème épique en Provence*, se trouvent aussi relatés, avec le charme que l'auteur des *Harmonies poétiques* savait répandre sur tous ses écrits, les commencements des relations littéraires et amicales de Lamartine et de Mistral.

MAGALI

MAGALI

D'après M. Frédéric MISTRAL

MIRÈIO (MIREILLE), CHANT III

O Magali ! ma tant aimée,
Daigne venir sur ces balcons,
Ecouter l'aubade enjouée
Des tambourins, des violons.

Les étoiles qui brilleront,
  Mon adorée !
Dans la nuit calme te verront
  Et pâliront.

❋

Comme des bois les voix profondes,
Tes chants pour moi sont sans attraits :
Car, anguille, au fond des mers blondes,
Je m'en vais sous les rochers frais.

O Magali ! si tu te fais
  Poisson des ondes,
Pêcheur de mer je me ferai,
  Te pêcherai.

Oh ! mais, si pêcheur tu veux être,
Quand tu jeteras tes filets,
Hirondelle, de ma fenêtre
Je m'enfuirai dans les guérets.

O Magali ! si tu te fais
   L'oiseau champêtre,
Vite, chasseur je me ferai,
   Te chasserai.

Au merle, à la bergeronnette
Si tu viens tendre tes lacets,
Je me ferai la tendre herbette
Perdue au milieu des marais.

O Magali ! si tu te fais
   La pâquerette,
L'eau de source je me ferai,
   T'arroserai.

Si tu te faisais l'eau limpide,
Vapeur des airs je deviendrais ;
Puis, en Amérique, rapide,
Là-bas, bien loin je m'en irais.

O Magali ! si tu partais,
   Vapeur humide,
Vent du large je me ferais,
   Te porterais.

Si tu te faisais brise amère,
Va, pas moins je t'échapperais ;
Je serais ce grand luminaire
Qui fond les glaçons de ses traits.

O Magali ! si tu te fais
  Rayon solaire,
Le vert lézard je me ferai
  Et te boirai.

※

Comme salamandre vilaine
Si tu rampes sous les genêts,
Je me ferai la lune pleine
Eclairant, la nuit, les fadets.

O Magali ! si tu te fais
  Lune sereine,
Beau nuage je me ferai,
  Te voilerai.

※

Si le nuage me recèle,
Pour cela tu ne me tiendrais ;
Car, belle rose virginelle,
Je brillerais dans les bosquets.

O Magali ! si tu te fais
  Rose nouvelle,
Le papillon je me ferai,
  Te baiserai.

※

Amoureux, cours à perdre haleine !
Tu ne m'attrapperas jamais ;
Car, sous l'écorce d'un grand chêne,
Je me mettrai dans les forêts.

O Magali ! si tu te fais
   Ou rouvre, ou frêne,
Le lierre vert je me ferai,
   T'embrasserai.

✻

En me prenant à l'embrassette,
Rien qu'un vieux tronc tu presserais ;
Je me ferais blanche nonnette
Au moustier du grand Saint-Gervais.

O Magali ! si tu te fais
   Nonne blanchette,
Prêtre, je te confesserai
   Et t'entendrai.

✻

Du cloître franchissant la porte,
Toutes les nonnes tu verrais,
Priant pour mon âme, à voix forte,
Car en suaire je serais.

O Magali ! si tu te fais
   La pauvre morte,
Alors, terre je me ferai :
   Là, je t'aurai !

✻

A présent, je te crois sincère,
Car ton langage est sérieux ;
Voici mon annelet de verre,
En souvenir, bel amoureux !

Magali, tu me rends heureux !
        Mais, puis-je taire
Que les étoiles, Magali,
        Ont bien pâli !

ROMANIN
ROUMANIN
D'après M. Frédéric MISTRAL [1]
LIS ISCLO D'OR : LI PANTAI (LES RÊVES)

I

J'entrai dans la ravine et gravis la montée.
Des rares bûcherons, contre le roc heurtée,
La hache résonnait, divisant les tronçons
De bois mort qu'on venait d'arracher aux buissons.
Je pensais. Tout à coup, hardiment déchirées,
Se dressent devant moi les Alpilles trouées.
Les pierres, sous l'orteil, roulaient sur le coteau ;
Je gravis, je gravis, et je fus au château
Illustre et désolé de Romanin. O gloire !
O fêtes d'autrefois ! ô splendeurs de l'histoire !

Cour d'amour s'élevant vers le nord, dans les airs !
Tout se tait, tout est mort ! La pluie et les hivers
Vont détruisant sans cesse ; et, seul, le lierre antique,
Fidèle et dévoué comme un vieux domestique,
Protége autant qu'il peut ces vieux murs, et défend
Leurs glorieux débris contre l'homme et le vent.
L'altier donjon, couché dans la bruyère terne,
A roulé, tête en bas, plus bas que la poterne ;
Et les machicoulis, avec les créneaux blonds,
Pavent depuis longtemps les ravins secs, profonds.
Mais le buis toujours vert, mais l'herbe toujours fraîche,
L'yeuse et le genièvre ont monté sur la brèche;
Et la rose, pauvrette ! et le doux romarin
N'en embaument pas moins le clos de Romanin.
Ils étaient tous ouverts, et leur voix de fleurette
Redisait aux échos le nom de Stéphanette ;
Car, depuis cinq cents ans, ces tendres fleurs d'amour
De la belle Phanette attendent le retour...
Mais Phanette a passé comme la primevère,
Et la rose languit sauvage en cette terre.

II

Nous venions vers le soir ; les grands pics sourcilleux
Versaient l'ombre sur le manoir silencieux.
« Phanette ! m'écriai-je, ô gente et bonne dame,
Du ciel votre séjour, s'il est réel qu'une âme
Puisse ici-bas venir, par la faveur de Dieu,
De son bonheur passé revoir l'aimable lieu,

Et si mon vœu n'est point à vos désirs contraire,
Revenez, gentil cœur, à la voix d'un trouvère ! »
Je me tais : tout à coup un souffle printanier,
Doux comme l'est en mars un parfum d'amandier,
Agita mes cheveux, en frôlant les yeuses,
Et je vis s'ébranler les murailles poudreuses.
J'allais porter ma main aux yeux, pour les cacher,
Quand une lueur blanche apparut ! Un rocher
Servait de piédestal à sa beauté divine,
Et des rayons ceignaient sa tête noble et fine.
A genoux, demi-mort, sans voix, sans mouvement,
Je voulus lui parler, mais ce fut vainement.
Elle alors : — « Bel ami, me dit-elle, il m'agrée
D'entendre, à Romanin, la langue énamourée;
Car, depuis cinq cents ans, j'étais en grand souci
Pour notre doux parler qui tombe dans l'oubli ;
Ah ! j'ai beau, tout le jour, dolente châtelaine,
Epier si nul ne monte ici de la plaine :
Plus ne vois vers ma tour ambler blancs destriers !
Chansons de troubadours, airs de ménétriers,
Plus rien ! et pour aubade, au pied de ma terrasse,
L'affreux loup hurle seul et le corbeau croasse.
Aussi, plus d'une fois, quand je songe aux dédains
Qu'on a pour jeux d'amour, dames et gais refrains,
Je me demande à part si la Provence est morte,
Ou si le Sarrasin campe devant ma porte. »
De ma folle terreur quelque peu revenu :
— « O fleur de Romanin, lui répondis-je, ému,

Depuis que vos attraits n'ornent plus votre trône,
Bien des flots vers la mer ont coulé dans le Rhône !
Et, dans notre terroir, les sombres Sarrasins
Ne viennent plus ravir nos filles, nos raisins.
Ainsi que de vos jours, le soleil, d'Arle à Vence,
Couronne de clarté le front de la Provence ;
Mais le vent froid du nord, messager des frimas,
Soufflant sur nos coteaux a glacé nos climats,
Flétri du Gai-Savoir la fleur brillante et vive,
Et sur l'arbre séché l'olive trop hâtive.
Pourtant, de l'olivier maltraité des hivers,
Voici que derechef jaillissent des jets verts.
Les fleurs du Gai-Savoir encor s'épanouissent,
Et, sous ce vent de Dieu, les hommes applaudissent. »

III

De dame Stéphanette, à mes accents émus,
Je vis soudainement s'entr'ouvrir les bras nus ;
Sa bouche paraissait redire une prière ;
Haletante, et les yeux noyés dans la lumière :
— « Accourez, cria-t-elle, et sortez du sommeil ! »
Et l'antique manoir, au coucher du soleil,
Me semblait se refaire, et les panneaux des salles
Se couvraient des blasons des cités provençales.
— « Est-ce un rêve ? disais-je, ou les malins sorciers
M'ont-ils charmé ? » — Pourtant, les feux follets légers
Voltigeaient comme font les flammes de Saint-Elme.
« Belles âmes, disait Phanette de Gantelme,

Troubadours, chevaliers, courtisans valeureux
Qui mîtes en chansons les transports amoureux,
Dames de haut lignage et nobles demoiselles
Qui soumettiez les cœurs, tant on vous trouvait belles,
Venez, des temps anciens mélodieux chanteurs,
Saluer du pays les nouvelles splendeurs
Heureuses de se joindre à vos gloires passées! »

Et venaient, et venaient les âmes trépassées
Du Purgatoire sombre ou du clair Paradis ;
Mais, dès qu'elles avaient touché le pont-levis,
O merveille ! aussitôt se dessinait leur taille,
Avec robe de vierge ou haubert de bataille.

IV

Et glorieux amants et reines du pays,
Bertrand d'Allamanon menait Azalaïs ;
Pierre de Château-Neuf conduisait, souriante,
Jeanne des Porcellets, sa belle et tendre amante;
Et Gui de Cavaillon, à l'écart se tenant,
Avait au bras la belle Huguone de Sabran.

J'entendis, à Guilhem des Baux, prince d'Orange,
Raimbaud de Vacqueyras, murmurer ta louange,
O tendre Béatrix de Montferrat ! Ta voix,
Bertrand de Born, souvent mit aux prises les rois;
Je t'ai bien reconnu. Dame de Porcairargues;
Vous, Douce de Moustiers ; vous, Alix de Meyrargues;

Avec Pierre Vidal, avec Blacas le Grand,
Je vous vis sur le seuil, ombres fières errant.

Puis, vint un pâle essaim d'autres âmes chagrines
Qui dirent en passant : « Brunettes ou blondines,
Nous sommes mortes, nous ! mais Laure d'Avignon
Vit toujours, car amour a conservé son nom. »
— « De l'amour, dit Alix, la comtesse de Die,
Jusque dans le tombeau, le rêve m'incendie. »
Blanchefleur de Flassan disait : « Au jour naissant,
Que des petits oiseaux j'aimais ouïr le chant,
Dans le beau mois de mai ! » — « Frères, leur dit le
[Moine
Des Iles d'Or, sachez que c'est un patrimoine
Bien vite dissipé que notre court séjour,
Sur la terre. »—« C'est vrai ; mais, prétendre qu'amour,
Reprit Pierre Vidal, n'est rien, ou bien qu'en France,
Il est d'autres pays plus beaux que la Provence,
O frères du Midi, démentez-le. » Puis, tous
S'éloignèrent, disant : « Souvenez-vous de nous ! »

Mais, tout s'évanouit et s'effaça dans l'ombre ;
Et, quand je descendis, s'étendait la nuit sombre.

---

[1] M. Frédéric MISTRAL, président du Félibrige et chef de la nouvelle école poétique provençale, a écrit deux poèmes en douze chants : MIREIO *(Mireille)*, son admirable épopée pastorale, et CALENDAU *(Calendal)*, épopée maritime. — Le recueil de ses poésies diverses porte pour titre : LIS ISCLO D'OR (Les Iles d'Or). — On doit encore au poète de Maillane,

les préfaces des recueils de poésies de divers félibres, des contes, des notices et de nombreux discours, œuvres écrites en prose provençale. — Enfin, M. Mistral publie actuellement le TRÉSOR DU FÉLIBRIGE, grand *Dictionnaire provençal*, monument élevé par lui à la gloire de la langue et de la littérature néo-romanes, et qui fixera l'orthographe et la syntaxe des divers dialectes écrits ou parlés dans les provinces méridionales de la France.

Nous sommes heureux de porter à la connaissance de nos lecteurs, deux œuvres poétiques importantes du grand félibre de Maillane, qui sont en préparation et seront intitulées : *La Rèino Jano* (La Reine Jeanne) et *Guihèn dóu Court-Nas* (Guillaume au Court-Nez).

L'ARLÉSIENNE
L'ARLATENCO

D'APRÈS M. FRÉDÉRIC MISTRAL

LES ISCLO D'OR : LI CANSOUN (LES CHANSONS)

Je vous le dis, et n'en doutez :
La jeune fille dont je parle
Est une reine ; car, notez
Qu'elle a vingt ans et qu'elle est d'Arle.
Le lundi, je la rencontrais
  Dans les marais ;
   C'était dommage
De la voir là, par les chaleurs,
Cueillant des brins de joncs en fleurs
   Pour le fromage.

— Ma belle amie, alors tes gens
Veulent flétrir ton frais visage?...
Hé! viens au bord de ces torrents,
Sous ce haut et discret ombrage.
— Mon bel ami, terrain brûlé
  Porte bon blé :
  Ma capeline
M'abrite assez du soleil d'août;
Chercher l'ombre, c'est bon pour vous,
  Ou l'oiseline.

— Ma belle amie, avec ton cœur
Que je crois d'or, ta langue est fière.
Qu'es-tu, joli minois moqueur :
Ou Rouquetière [1], ou bien masière [2] ?
— Mon bel ami, je répondrai :
  Je suis, c'est vrai,
  Arlésienne ;
Mais vous, vous êtes Martégal,
Pêcheur d'anguilles au fanal,
  Ou Dieu me prenne !

— Ma belle amie, enseigne-moi,
Etant d'Arles, où tu demeures ;
Car mon amour s'est mis en toi,
Que je meure ou bien que tu meures !
— Mon bel ami, je vends du lait ;
  Mon logis est

Porte de l'Aure ;
Mon amoureux est un bouvier
Jaloux de moi comme un douanier,
Plus pauvre encore !

— Ma belle amie, hiver, été,
De ton *gardian* ³ reste amoureuse,
Car ta sagesse a mérité
Qu'on ne te rende malheureuse.
— C'est bien parlé, car mon gardien,
Foi de chrétien !
L'autre semaine,
M'a dit qu'au cirque, son trident
Percera tout fat hasardant
Coup d'œil qui gêne.

---

¹ *Rouquetière*, habitante de la Rouquette, quartier d'Arles au bord du Rhône.

² *Masière*, habitante des *mas*, nom donné aux fermes dans l'arrondissement d'Arles.

³ On appelle *gardian*, dans le pays arlésien, les toucheurs de bœufs de la Camargue. Nous avons cru devoir conserver ici ce mot provençal, tel qu'il est dans le texte, parce que c'est un terme local, et qu'il est d'ailleurs déjà presque francisé : Mme Louis Figuier, en effet, a intitulé un de ses romans : *Le Gardian de la Camargue*.

SUR LA MORT D'ESPRIT REQUIEN[1]
SUS LA MORT D'ESPERIT REQUIEN

D'APRÈS M. FRÉDÉRIC MISTRAL

LI PROVENÇALO (LES PROVENÇALES), RECUEIL COLLECTIF[2]

O Mort, c'est donc trop peu qu'une vierge innocente
S'éteigne en son printemps, la bouche souriante !
C'est trop peu que les fleurs s'effeuillent dans le val,
    Au souffle du mistral !

C'est trop peu que ta faux, avare moissonneuse,
Ravisse à tant d'enfants leur mère malheureuse !
C'est trop peu que les saints meurent dans le mépris,
    Bien loin de leur pays !

Il faut encor qu'un sage, un roi de la science,
Servant son Créateur, et, plein de conscience,
Scrutant tous les trésors qu'enfante le soleil,
    Subisse un sort pareil !

Au moins, s'il fût tombé dans les bras de ses frères,
Au bord de la Durance et dans ses riches terres !
Mais la Mort l'a tué de son breuvage amer,
    Dans la profonde mer...

O plantes qui croissez sur les vertes collines,
Qui tapissez les rocs ou bordez les ravines,

O fleurs qui, vous cachant, jetez autour de vous
Vos parfums les plus doux ;

Sous les épais glaçons, dans les roches fendues,
A l'ombre des grands bois, demeurez inconnues !
Requien n'ira plus, désormais, vous chercher :
Vous pouvez vous sécher !...

Et vous qu'il honora de faveurs sans égales,
Versez aussi des pleurs, ô muses provençales !
Ce savant qui sourit à vos premiers succès,
A droit à vos regrets.

Poésie ! à présent, renferme tes musettes,
Couvre tes tambourins de noires bandelettes ;
Et, laissés au repos, que ces gais instruments
Restent muets longtemps !

Requien vous aimait. Il partit plein de force
Avignonnais : allez le chercher mort en Corse ;
Sur les bords du beau Rhône, enfants, sonnez le glas
Et pleurez son trépas !

Semez sur son tombeau ces fleurs de toute sorte
Que des monts aux vallons le ventouret [3] emporte,
Pour que ce sage puisse, abrité du soleil,
Dormir son long sommeil.

---

[1] Esprit Requien, célèbre naturaliste avignonnais (1788-1851), posséda de grandes connaissances en botanique, en

conchyliologie et en géologie. M. Philippe Matheron, dans son *Catalogue des fossiles des Buches-du-Rhône*, a fait, de quelques belles coquilles fossiles, caractéristiques de l'étage néocomien moyen d'Orgon, dans le terrain crétacé inférieur, un genre à part, qu'il a dédié à Requien, et dont les principales espèces sont : le *Requienia Ammonia*, le *R. gryphoïdes* et le *R. carinata*.

Cette ode sur la mort de Requien est une œuvre de la jeunesse de M. Frédéric Mistral, qu'il n'a pas cru devoir insérer dans son beau recueil, *lis Isclo d'or*. Pour nous, cette poésie nous a paru tout à fait digne d'être traduite en vers français, et nous offrons ici notre modeste traduction, particulièrement aux naturalistes, pensant qu'elle pourra leur être agréable.

² Le titre de ce recueil collectif de poésies pourrait aussi se traduire par *Les Pervenches*, la fleur symbolique des Félibres étant la pervenche qui, dans la langue du Midi, s'appelle la *Prouvençalo*.

³ *Ventouret*, vent frais et léger, venant du côté du mont Ventour (Vaucluse).

LA JEUNE FILLE AVEUGLE
LA CHATO AVUGLO
NOEL
D'après M. Joseph ROUMANILLE

LIS OUBRETO EN VERS : LI NOUVÈ (LES NOELS)

Air *du Fil de la Vierge*

Tressaille, ô Bethléem ! De la Vierge Marie
  Le chaste sein
Vient d'enfanter Jésus qui, dans sa crèche, crie
  De froid, de faim.

Les anges entonnant dans la voûte étoilée
Leur *Gloria*,
Chaque berger, aux champs prolongeant sa veillée,
S'agenouilla.

Cependant, en ce jour plein de réjouissance,
Jour éclatant,
Une pauvre fillette, aveugle de naissance,
Disait, pleurant :
— Mère, pourquoi veux-tu qu'ici je sois seulette ?
J'y languirai.
Et, tandis que Jésus te fera sa risette,
Je pleurerai.

— Tes larmes, ô mon sang, lui répondit sa mère,
Font mon chagrin ;
Mais, sans y voir, de Bethléem pourquoi donc faire
Le long chemin ?
Tandis que, demain soir, tu seras bien contente,
Quand, au retour,
Je pourrai te conter, ô ma pauvre dolente,
Tout à mon tour.

— Je sais, reprit l'enfant, que, dans la nuit obscure
Je marcherai,
Et que ta face d'or, divine créature,
Je ne verrai.

Mais est-il donc besoin, ô mon Dieu, de la vue,
        Pour t'adorer ?
Et ne pourrai-je au moins, Jésus, de ma main nue
        Te caresser ?

L'Aveugle pleura tant et tant pria sa mère,
        D'un si doux ton,
Que celle-ci n'eut plus la force à sa prière
        De dire non.
Puis, quand, en arrivant dans la divine étable,
        Elle sentit
La main de l'Enfant-Dieu sur son cœur, ô miracle !
        L'Aveugle vit !

DIDETTE
DIDETO

D'APRÈS M. JOSEPH ROUMANILLE

LIS OUBRETTO EN VERS :
LI FLOUR DE SAUVI (LES FLEURS DE SAUGE)

I

Didette, sous tes pieds ne foule plus ces grains !
Tu transpires. Longtemps, sur le bord des ravins,
Tu viens de ramasser narcisse, pâquerette :
Pleines en sont tes mains. Viens, mon ange aux yeux
                                              [doux,
Que je te fasse un peu danser sur mes genoux :
        Oh ! viens sans tarder, ma Didette !

Dans tes yeux si brillants je veux mirer mes yeux ;
Je veux me réjouir de ton babil joyeux ;
Et je veux déposer un doux baiser, ma bonne,
Sur ta joue arrondie et ton beau front de lis.
Enfin, de ces bouquets, par ta main recueillis,
      Je veux te faire une couronne.

II

L'obéissante enfant ne foula plus les grains ;
Elle ne cueillit plus, sur le bord des ravins,
      Le narcisse, la pâquerette ;
Vite sur mes genoux elle vint en riant ;
Et je tressai, des fleurs de son bouquet charmant,
      Une couronne pour Didette...

Mais voilà qu'aussitôt sa mère l'appela :
Vive comme un chevreau, Didette s'en alla,
      Quand je l'eus assez embrassée.
Ses cheveux d'or jouaient sous le souffle du vent...
Depuis, je suis allé dans les champs, bien souvent :
      Mais je ne l'ai plus couronnée !

III

Car, Dieu n'a pas voulu que ce bijou d'enfant
Aux fanges d'ici-bas pût souiller son pied blanc :
      Didette au Ciel s'est envolée !
Elle offre à Dieu des fleurs qui ne se fanent plus,
Et la Vierge Marie, au séjour des élus,
      En l'embrassant, l'a consolée.

POUR LA VENDANGE
PÈR VENDEMIO
D'après M. Joseph ROUMANILLE
LIS OUBRETO EN VERS : LI MARGARIDETO (LES PAQUERETTES)

Où vas-tu donc ainsi, Jeannette,
Avec ton grand panier ? — Là-bas,
A notre vigne de clairette
Je vais vendanger de ce pas.

— Mais, de si grand matin, seulette,
N'as-tu pas peur ? dit Nicolas.
Tiens, je vais faire l'échinette :
Sur mon cheval tu monteras.

— Je veux bien. — Il descend de selle ;
A sa place y monte la belle ;
Mais lui remonte aussi sur le blanc destrier.

Or, mon Nicolas et Jeannette
Se contèrent si bien fleurette,
Que, la vendange faite, on dut les marier.

---

[1] Outre ses *Oubreto en vers* et ses *Oubreto en proso* (Petites Œuvres en vers et en prose), deux volumes distincts, in-12, M. Joseph ROUMANILLE, le promoteur du Félibrige, a composé de nombreux *Contes*, insérés dans l'*Armana prouvençau*, et qu'il

se propose de réunir en un volume. On lui doit encore des discours et des opuscules d'actualité, écrits de même en prose provençale. MM. Roumanille, Mistral et Aubanel — qui en a édité les trois premières années 1855-56-57 — ont fondé le petit volume intitulé : ARMANA PROUVENÇAU (*Almanach provençal*), qui se publie depuis vingt-sept ans, et dont le succès va toujours croissant : c'est un recueil populaire, composé de morceaux de prose et de vers, fournis par les Félibres, et où ceux-ci aiment à faire connaître leurs productions, en attendant qu'ils les publient en volumes.

LE VOYAGE
LOU VIAGE

D'APRÈS M. THÉODORE AUBANEL

JOURNAL « DOMINIQUE » DU 11 FÉVRIER 1877

La nuit est noire : dans la nuit
Le chemin de fer nous emporte ;
J'ai froid, le vent ronfle à la porte ;
Et notre lampe demi morte
D'un reflet pâlissant reluit.

Autour de nous croissent les ombres ;
Tels que des fantômes géants,
Les arbres courent dans les champs,
Saluant, comme des passants,
Un par un, de leur branches sombres.

Le sifflet rend des sons stridents.
Dieu, qu'on va vite ! tout tressaille :

Le bois, les vitres, la ferraille ;
Des feux dansent sur la muraille,
Comme des follets tremblotants.

Sous terre le wagon s'élance :
Tonnant dans ce gouffre entr'ouvert,
On croirait que le bruit du fer
Dit, comme aux portes de l'enfer :
« Ici, laissez toute espérance ! »

Vomissant d'épais tourbillons,
Soufflant, hurlant, déshaleinée,
La machine, noire damnée,
S'arrête. Tout illuminée,
On voit la ville et ses maisons.

Du gaz vive et gaie est la flamme :
Les amis que j'avais quittés,
Par l'affection excités,
Vite à mon cou se sont jetés,
Et dans leurs yeux sourit leur âme !

J'arrive à ma demeure, enfin !
Là, je retrouve ma jolie
Au coin du foyer recueillie ;
Et, grâce à ses baisers, j'oublie
Les frayeurs de mon long chemin.

L'ARBRE DE LA CROIX
L'AUBRE DE LA CROUS
D'après M. Théodore AUBANEL
LIBRE DE LA CROUS DE PROUVÈNÇO
LIVRE DE LA CROIX DE PROVENCE (RECUEIL COLLECTIF)

J'étais dans la forêt arbre sombre, rameux ;
La rosée épanchait sur moi ses perles blanches,
Le soleil matinal me dorait de ses feux,
Et le petit oiseau chantait parmi mes branches.

Dans mon feuillage épais il abritait son nid ;
L'homme accablé dormait à mon ombre propice ;
Quand, pour faire de moi l'instrument du supplice,
— Une Croix, — à grands coups, un bourreau m'abattit[1].

Brûlante des baisers de Jean, de Madeleine,
Des pleurs, du sang de Dieu ma sève est toute pleine,
Sang donné pour rançon du genre humain maudit !

Juste l'effroi de l'enfer, espoir du purgatoire,
La mort gagna par moi sa dernière victoire,
Le jour où dans mes bras expira Jésus-Christ.

---

[1] Dans la pièce provençale de M. Aubanel, ces deux quatrains, conformément aux lois du sonnet, marchent sur les mêmes rimes. Afin d'interpréter plus fidèlement notre texte, nous avons

pris ici la liberté de nous affranchir de cette règle. Du reste, dans les poètes français, on trouve assez souvent des sonnets où les deux quatrains n'ont pas des rimes semblables.

Il sera reparlé du *Livre de la Croix de Provence*, où se trouve le sonnet provençal de M. Aubanel, dont on vient de lire la traduction, à la suite de celle que nous donnons plus loin de l'*Inscription de la Croix de Provence*.

LE CRÉPUSCULE DU SOIR A ARLES
LOU CALABRUN EN ARLE
D'APRÈS M. Théodore AUBANEL [1]

JOURNAL « LOU PROUVENÇAU » DU 5 JANVIER 1879

Le jour luit d'un dernier reflet ;
A l'horizon bleu, l'on dirait,
De loin, que les montagnes fument ;
Le Rhône, en ses flots noirs et fiers,
Fait briller comme des éclairs
Les feux des fanaux qui s'allument.

On entend un chant de pêcheur
Ou le sifflet d'un remorqueur,
Le long des quais déserts et sombres ;
Puis, par degrés, chansons et cris,
Rires se sont évanouis :
On croirait Arles peuplé d'ombres.

Tout est muet, places et ponts ;
On ferme aux verroux les maisons ;

Arles veut s'endormir tranquille.
Son cirque romain est voilé
Par le manteau tout étoilé
Que la nuit étend sur la ville.

---

[1] M. Théodore Aubanel est l'auteur du volume de poésies qui a pour titre : *La Miougrano entre-duberto* (La Grenade entr'ouverte), et il en prépare un second qu'il se propose d'intituler : *Li Fiho d'Avignoun* (Les Filles d'Avignon). — On doit encore à ce félibre trois œuvres dramatiques provençales, en cinq actes et en vers : *Lou Pan dóu pecat* (Le Pain du péché), représenté, le 28 mai 1878, au théâtre de Montpellier, à l'occasion des fêtes latines; *Lou Raubatòri* (Le Rapt), et *Lou Pastre* (Le Pâtre), inédits. — M. Th. Aubanel a prononcé, en diverses circonstances, des discours provençaux parus dans les journaux, mais qui ont aussi été imprimés à part; l'un des plus importants, sur la langue provençale et le félibrige, se trouve également dans le volume intitulé : *Lou Libre de N.-D. de Prouvènço*, dont il sera reparlé plus loin.

LE BAIN
LOU BAN

D'après M. Anselme MATHIEU

ARMANA PROUVENÇAU DE 1875

Pétrarque, à l'ombre des roseaux,
Par un jour d'été qui décline,
Voit au bain sa Laure divine
Plus éclatante que les eaux.

D'être nue en ces frais ruisseaux,
S'émeut sa pudeur féminine ;
Mais, femme chaste autant que fine,
Pour voiler ses charmes si beaux,

Elle bat l'onde et fort et vite,
La fait éclabousser, l'agite,
Et, le sein d'écume vêtu,

Sous ces perles elle dérobe,
Comme dans les plis d'une robe,
Et ses attraits et sa vertu.

LA PEUREUSE
LA PAUROUSO
D'APRÈS M. ANSELME MATHIEU
LA FARANDOULO : LI SOULEIADO

J'ai touché ta main joliette,
Vers le bout des doigts, mon Aguette,
Rien qu'au bout des doigts ! qu'est-ce là ?
Encore un baiser ! — Ah ! la ! la !

Sur tes blonds cheveux, ô ma reine !
J'ai pris un baiser pour étrenne,
Sur tes cheveux d'or ! qu'est-ce là ?
Encore un baiser ! — Ah ! la ! la !

Sur ton beau cou blanc, douce fille,
J'ai baisé le collier qui brille,
Rien que le collier ! qu'est-ce là ?
Encore un baiser ! — Ah ! la ! la !

Je n'ai caressé ton épaule
Qu'à l'endroit où le fichu vole,
En ce seul endroit ! qu'est-ce là ?
Encore un baiser ! — Ah ! la ! la !

De tes yeux bleus, vives lumières,
Je n'ai baisé que les paupières,
Avec leurs longs cils ! qu'est-ce là ?
Encore un baiser ! — Ah ! la ! la !

De l'églantine de ta bouche
Jamais ma lèvre en feu ne touche
Que l'épine !... Qu'est-ce donc là ?
Encore un baiser ! — Ah ! la ! la !

A la source, pourquoi, seulette,
Venir ? Je t'aime tant, poulette !
Encore un baiser, même deux :
Le dernier rend bien plus heureux !

L'ATTENTE

L'ESPÈRO

D'APRÈS M. ANSELME MATHIEU

LA FARANDOULO : LIS AUBADO [1]

Le doux parler d'amour me plait
Plus que le miel, plus que le lait,
Surtout quand Marguet le répète ;
J'y suis plus attentif qu'en mai,
Au chant de l'aube, tendre et gai,
Au chant si pur de la fauvette.

Mais la fauvette, en mon jardin,
Vient me trouver, chaque matin,
A la grille de mon domaine ;
Et mon amante, au rendez-vous,
Bien que le temps soit clair et doux,
Manque depuis une semaine.

---

[1] Depuis la publication de son recueil de poésies, intitulé *La Farandoulo* (La Farandole), M. Anselme MATHIEU a publié beaucoup d'autres pièces dans l'*Armana prouvençau*, et il se propose d'en former un nouveau volume auquel, croyons-nous, il donnera pour titre : *Lou Brande* (Le Branle). Ce félibre a aussi écrit, surtout dans ces dernières années, des *Contes* en prose qui ont paru dans l'*Armana* et autres publications provençales.

LES FRISONS DE MARIETTE
LI FRISOUN DE MARIETO

D'après M. Alphonse TAVAN

AMOUR E PLOUR

Je sais fillette à Châteauneuf [1],
Réjouie et tout éveillée ;
Fraîche et gentille comme un œuf,
A tous mes amis elle agrée.
Quant à moi, mes affections
Sont pour l'abondante frisette
Qui ceint son front de flots profonds :
Car ils sont jolis les frisons
De la petite Mariette !

Elle n'a guère que seize ans,
Cette douce miniature ;
Elle a de petits airs galants,
Avec la plus fine figure.
Mais, laissons les comparaisons.
Dès que le vent frôle sa tête,
Alors, ils font les vagabonds,
Et sont bien jolis les frisons
De la petite Mariette !

Le soir, dès que l'air devient frais,
Et que les fillettes sautillent,
Je ne puis dire avec quel biais
Ses beaux frisons se recoquillent !

Ni noirs, ni châtains, ils sont blonds
Comme de l'épi mûr l'aigrette,
Et s'en vont en tire-bouchons.
Oh ! qu'ils sont jolis les frisons
De la petite Mariette !

Jamais, dans les bandeaux bouffants
De la plus belle Arlésienne,
Ne se jouèrent mieux les vents
Que chez notre Castelnovienne !
Qu'en bas, en haut nous les voyions,
Qu'ils soient ondulés, en tirette,
Qu'ils soient mêlés, fassent des ronds,
Oh ! qu'ils sont jolis les frisons
De la petite Mariette !

Rougis donc de tes faux cheveux,
Belle dame tout empesée,
Et crains de comparer leurs nœuds
Aux cheveux blonds de ma frisée !
Mais, viens plutôt et regardons
Cette enfant dansant dans la fête ;
Puis, en l'admirant, redisons :
Oh ! qu'ils sont jolis les frisons
De la petite Mariette !

Mais j'y songe à présent, grands dieux !
Si de sa blonde chevelure
J'allais devenir amoureux,
Pour moi quelle douce aventure !

Et si l'embrasser nous voulions,
Serait-ce bien sur sa bouchette
Que ce baiser nous poserions ?
Tant ils sont jolis les frisons
De la petite Mariette !

Beaux petits frisons mutinés,
Merveille de notre village,
Par rien ne soyez donc gênés
De folâtrer sur son visage !
Que la montagne, les vallons,
Les bois et la source discrète
En chœur répètent mes chansons :
Oh ! qu'ils sont jolis les frisons
De la petite Mariette !

---

[1] Le poète veut ici parler de son village natal, *Châteauneuf-de-Gadagne* près d'Avignon (Vaucluse).

LES FRISONS DE MARIETTE
TRENTE MOIS APRÈS
LI FRISOUN DE MARIETO
TRENTO MES APRES
D'après M. Alphonse TAVAN
AMOUR E PLOUR

Petits frisons que j'ai laissés
Souples, luisants et volontaires,
Trois ans sont à peine passés,
Et voilà bien d'autres affaires :
Un fripon vous a chiffonnés...
Pleurez, vallons ; gémis, fleurette ;
Oiseaux aux doux chants éveillés,
Taisez-vous ! ils sont embrouillés,
Mes beaux frisons de Mariette.

Toujours brillante comme un œuf,
Sa joue est fraîche et rebondie ;
Et, merveille de Châteauneuf,
On la trouve toujours jolie.
Mais son galant les a froissés
Ses cheveux tombant en frisette
Et qui jouaient éparpillés...
Ah ! grand Dieu ! qu'ils sont embrouillés
Mes beaux frisons de Mariette !

Elle comptait alors seize ans,
Fleur matinale à peine éclose ;
Aujourd'hui, dans son beau printemps,
Voyez-la briller, cette rose !
Mais, doux rêves, hélas ! souillés :
Ils ont effeuillé ma fleurette !...
De pleurs mes yeux sont tout mouillés.
Ah ! grand Dieu ! qu'ils sont embrouillés
Mes beaux frisons de Mariette !

Quand, le matin, petits démons,
Les zéphirs caressent, tortillent
Ses blonds cheveux, non ses frisons
Jamais plus ne se recoquillent ;
Comme prisonniers verrouillés,
Ils sont captifs sous sa cornette ;
Ses traits en semblent barbouillés.
Ah ! grand Dieu ! qu'ils sont embrouillés
Mes beaux frisons de Mariette !

Qui m'eût dit que je rougirais
Un jour de ma Castelnovienne,
Quand on vanterait les attraits,
La grâce de l'Arlésienne.
Mes vers d'autrefois sont raillés,
Et je sens pleuvoir sur ma tête
Les méchants propos débraillés.
Mais, aussi, qu'ils sont embrouillés
Mes beaux frisons de Mariette !

Coquette, de tes faux cheveux,
De ta natte si bien tressée
Tu peux te parer à nos yeux...
Mariette n'est plus frisée !
Que, dans les lacs ensoleillés,
A se mirer elle s'apprête,
Elle entend leurs flots égayés
Lui dire : Ah! qu'ils sont embrouillés
Les beaux frisons de Mariette !

Mais, malgré tous ces changements
Que mon cœur désolé déplore,
S'il arrivait, heureux amants,
Que l'amour vînt nous mordre encore,
Vous les verriez détortillés,
Et tels que du blé mûr l'aigrette,
Ses cheveux d'or écarquillés...
Ils seraient vite débrouillés
Mes beaux frisons de Mariette !

PHILOSOPHIE
FILOUSOUFIO

D'APRES M. Alphonse TAVAN

AMOUR E PLOUR

Comme l'oiseau léger que poursuit l'œil avide
Du chasseur, tels souvent, à deux doigts du trépas,

Nous rions et chantons ; mais toujours quelque vide
Nous montre le néant des bonheurs d'ici-bas.

Encore un bel été passé ; l'hiver arrive
Avec les sombres jours, le froid et les frimas ;
Et mon œil inquiet n'aperçoit point la rive
Où voudrait s'abriter mon pauvre corps bien las.

Ma barque se disjoint ; en butte à la tempête,
Je ne puis la guider parmi les flots grondants :
Advienne que pourra ! je dois courber la tête,
Abandonnant au Ciel mes destins inconstants.

D'ailleurs, de quoi sert-il de maudire la vie,
De nous plaindre sans cesse, et souvent sans raison ?
Ensemençons nos champs et sarclons-en l'ortie,
Puis remettons à Dieu le soin de la moisson.

TOAST A NOS ANCÊTRES
BRINDE A NOSTI RÈIRE
D'après M. Alphonse TAVAN

JOURNAL LOU PROUVENÇAU, DU 12 MAI 1878,
ET ARMANA PROUVENÇAU DE 1879

Buvons tous, disciples et maîtres,
A la gloire de nos ancêtres.

Quand chevaliers courtois, troubadours en renom
Faisaient connaître au loin et ta langue et ton nom,
O Provence ! et qu'ici, la sainte poésie,
Aujourd'hui comme alors tient notre âme ravie,
Vers ces nobles aïeux que nous devons bénir,
Elevez-vous, mes vœux, avec mon souvenir !

    A la gloire de nos ancêtres
    Buvons tous, disciples et maîtres !

D'un peuple le génie éclate en ses accents,
Et toujours le bon lait forme de beaux enfants.
Voir des fils bien unis émeut et réconforte ;
Mais le respect des vieux rend la famille forte.
Donc, félibres pieux, faisons-nous les gardiens
Des chants de nos berceaux, du culte des anciens.

    A la gloire de nos ancêtres
    Buvons tous, disciples et maîtres !

Dieu nous écoute quand nous invoquons ses saints ;
Du ruisseau vers la mer vont les flots argentins ;
Tout se tient, tout s'enchaîne, et le sage relie
A l'amour du foyer l'amour de la patrie.
Aimons-le donc, ce sol natal qui nous grandit.
Car notre cause est sainte et la France applaudit.

    A la gloire de nos ancêtres
    Buvons tous, disciples et maîtres !

L'art est le Beau régnant dans le céleste plan ;
L'artiste est l'amoureux à ses pieds haletant ;
Le poète est un dieu. Mais l'œuvre la plus belle
Est de peindre la vierge et l'épouse fidèle,
La mère qui s'oublie et se donne toujours :
Objets sacrés des chants des anciens troubadours.

   A la gloire de nos ancêtres
    Buvons tous, disciples et maîtres !

Venez donc, chevaliers, venez nous embraser ;
Vous, tendres troubadours, venez nous inspirer,
Car, comme aux temps païens, le peuple, en ce temps
              [même,
Veut être retrempé par un nouveau baptême.
Poètes, soyons donc les prêtres courageux,
Ramenant au bercail ces enfants oublieux.

   A la gloire de nos ancêtres
    Buvons tous, disciples et maîtres !

ENVOI
A M. Alfred Chailan

Les héritiers sont fiers (et, certe, ils ont raison)
Des biens de leurs aïeux comme de leur blason.
Toi, Chailan, sois donc fier des beaux vers de ton père[1],
Car dans ses vers se peint son âme tout entière,
Son âme qui, là-haut, sans fin se réjouit,
Son âme qui m'entend, nous voit et nous bénit.

A la gloire de nos ancêtres
Buvons tous, disciples et maîtres !

---

[1] On trouvera plus loin la traduction de l'une des poésies de M. Alfred Chailan, suivie d'une notice littéraire sur ce félibre et sur son père, le poète Fortuné Chailan.

SONNET
A UNE DAME DE NOVES
SOUNET A UNO NOUVENCO
D'APRÈS M. ALPHONSE TAVAN
AMOUR E PLOUR

Vous reçûtes le jour à Noves, comme Laure.
On le voit bien, Madame, elle est de vos aïeux :
Votre beauté le prouve, et votre grâce encore,
Et ces regards divins s'échappant de vos yeux.

Je vous vis... et, depuis, un trouble me dévore ;
L'amour règne en vainqueur dans mon cœur soucieux ;
Pour vous persuader que ce cœur vous adore,
A Pétrarque je prends son luth harmonieux.

Mais, pour vous belle autant que Laure, ô noble dame,
Je ne puis, comme lui, mettre trois cents sonnets
A vos pieds, et me borne à ces humbles respects.

Vous admirant pourtant, dans le fond de mon âme
J'élève en votre honneur un autel sans égal
A vous chez qui reluit le type provençal !

INSCRIPTION DE LA CROIX DE ROGNAC

(BOUCHES-DU-RHÔNE)

D'APRÈS L'INSCRIPTION EN VERS PROVENÇAUX
De M. Alphonse TAVAN [1]

Resplendis dans l'azur, resplendis dans l'espace,
Croix sainte, dont les bras s'étendent sur ces champs !
Le peuple de Rognac t'a mise à cette place :
Protège son terroir, et garde ses enfants !

---

[1] M. Alphonse Tavan a réuni ses poésies lyriques dans le volume qu'il a intitulé *Amour et Plour* (Amour et Pleurs). Celles qu'il a écrites depuis la publication de ce livre, ont paru dans l'*Armana Prouvençau* et dans la *Calanco*. Ce félibre a, de plus, composé, dans sa jeunesse, *Li Masc* (Les Sorciers), comédie-vaudeville mêlée d'ariettes; cette œuvre dramatique est encore inédite, mais M. Tavan a inséré quelques-unes de ses ariettes dans *Amour e Plour*.

LA REINE DES ARTISANES
LA RÈINO DEIS ARTISANOTO

D'après M. Antoine-Blaise CROUSILLAT

A M. BONAVENTURE LAURENS, PEINTRE

LA BRESCO : CANSOUN [1]

« La poésie est comme la peinture » *
   Je te soumets donc ce portrait.
   Regarde-le. Si, d'aventure,
   Il rend assez bien la nature,
   Certes, j'en serai satisfait.
S'il te déplaît, maître Bonaventure,
Oh ! refais-le, grand peintre, afin qu'il soit bien fait.

   Quand, le dimanche, sur le Cours,
   De ton plus beau châle parée,
   Les cheveux ceints du noir velours
   Flottant sur ton épaule ambrée,
   Avec tes traits fins, tes beaux yeux,
   Si noblement tu te pavanes,
   De toi tu nous rends envieux,
   O reine de nos artisanes.

   Cheminant d'un si galant biais,
   De baisers je te mangerais !

---

* *Ut pictura, poesis.*

Quand tu vas et viens, le matin,
De ci, de là, pour tes affaires,
Cotillon court et soulier fin,
En déshabillés peu sévères,
Mis de travers, fichu, bonnet,
Dans ce costume assez sauvage
Et dépourvu de tout apprêt,
Tu nous plais encor davantage.

Trottinant d'un si galant biais,
De baisers je te mangerais !

Quand, afin d'un peu t'égayer,
En carnaval, gente et badine,
Aux bras d'un jeune cavalier,
Abandonnant ta taille fine,
Tu vas sautant, tourbillonnant,
Comme un chevreau, souple et légère,
Ou bien, toute seule valsant
Comme une nymphe forestière,

En dansant d'un si galant biais.
De baisers je te mangerais !

Puis, de ta bouche belle à voir
Quand les dents blanches tu dévoiles,
Et que tes yeux, charmant miroir,
Reluisent comme deux étoiles,
Tandis que ta si fraîche voix,
Telle qu'une flûte angéline

Ou qu'un rossignol dans les bois,
Lance sa gamme cristalline,

En chantant d'un si galant biais,
De baisers je te mangerais !

Quand, osant trop près s'avancer,
Ma main effrontée... et pillarde,
Dans le désir de te pincer,
Vers ton tablier se hasarde,
Vite, d'un mot ou d'un regard,
Tu sais arrêter l'insolente :
Tu ris, mais ne veux point d'écart,
Et tu fais bien, vierge prudente...

Me grondant d'un si galant biais,
De baisers je te mangerais !

Qu'on ne me vante pas ce paon :
Je veux dire une fille belle,
Mais d'esprit tout-à-fait manquant,
Et parlant comme une semelle !
Toi, dans la lecture, à loisir,
Tu puises mainte connaissance,
Et nous pouvons, avec plaisir,
Admirer ton intelligence.

Conversant d'un si galant biais,
De baisers je te mangerais !

Pieuse et modeste, au saint lieu,
J'aime, à la messe de neuf heures,
Te voir à genoux devant Dieu,
Et les yeux baissés sur tes Heures...
De reluquer ton minois fin,
C'est peut-être une peccadille ;
Mais, est-il rien de plus divin,
Ici-bas, qu'une belle fille ?...

Priant Dieu d'un si galant biais,
De baisers je te mangerais !

Un amateur bien maladroit
A voulu faire ta peinture :
En la voyant, nous avons droit
De dire : O la triste figure !
Laisse venir maître Laurens,
Le peintre des Provençalettes :
S'il reproduit tes traits piquants,
Ce sera la fleur des brunettes.

Objet d'un pur et galant biais,
De baisers je te mangerais !

MORALE

Beauté comparable à la fleur
Qui brille et n'est que passagère,
Fille qui veut un marieur
De tes attraits peut être fière ;

Mais, de la douceur, un cœur d'or
Et l'âme de vertus remplie :
Voilà le plus riche trésor,
Voilà le charme de la vie !...

Celle qui ce bon biais aura,
De baisers on la mangera !

---

[1] Outre son volume de poésies, *La Bresco* (Le Rayon de miel), M. CROUSILLAT vient de publier un recueil de *Noëls en langue provençale*, petit in-12, Avignon, Imprimerie Gros, 1880.

A UN RAMELET DE LIERRE DANS UN LIVRE
A-N-UN BROUT D'EURRE
DINS UN LIBRE
D'APRÈS M. JEAN BRUNET[1]

ARMANA PROUVENÇAU DE 1870

D'où viens-tu, ramelet de lierre ?
La tige où tu fus arraché,
Quel est son soutien sur la terre ?
Dis-nous d'où tu fus détaché.

Cueilli par une main jeunette,
Etant tout vert, frais et poli,
Dans ce beau livre une fillette
T'arrangea de son doigt joli.

Hôte des ruines sacrées,
Pourquoi donc un cœur jeune et sain,
Laissant les roses parfumées,
Te garde-t-il comme un corps saint ?

De ta funéraire verdure
Recouvrais-tu donc, par pitié,
La pierre froide, triste et dure
Où dort quelque jeune amitié ?

Ta touffe affermit et décore
Les vieux murs, les pauvres tombeaux ;
Et l'arbre mort, tu sais encore
L'orner de vêtements nouveaux.

Image des amours sans taches,
Emblème de la charité,
Tu vis et meurs où tu t'attaches,
Modèle de fidélité.

Ainsi, comme toi, poétique,
Ce cœur jeune, aimant, expansif,
Laisse les plantes du Tropique
Pour toi, pauvre arbuste pensif !

---

[1] Outre ses poésies insérées pour la plupart dans l'*Armana*, M. Jean Brunet a publié un opuscule où il a recueilli beaucoup d'historiettes et de proverbes relatifs à la lune, et qu'il a intitulé : *Bachiquello sus la Luno* (Bagatelles sur la Lune).

LES FIANÇAILLES DE MARGUERITE
LI FIANÇO DE MARGARIDO

D'APRÈS FEU PAUL GIÉRA (GLAUP) [1]

UN LIAME DE RASIN (RECUEIL COLLECTIF)

— Belles paupières enrichies
De vifs rayons
Donnant frissons !
Si bien fournies,
Abaissez-vous,
Voilant à ma vue éblouie
Les yeux si doux
De ma jolie.

— On la met au rang des enfants...
Ses yeux babillent
Et s'écarquillent.
Elle n'a pas encor seize ans :

— Belles paupières alourdies
Par la douleur,
De vous j'ai peur,
De pleurs remplies !
Pourquoi, bijou,
Fleurette à peine épanouie,
Pencher ton cou ?
Ma tant jolie !

— On la met au rang des enfants...
Et, pour lui plaire,
Que dois-je faire ?
Elle n'a pas encor seize ans.

— Belles paupières alanguies
Devant ces fleurs,
Tes jeunes sœurs,
Fraîches cueillies :
A ton entour,
Plus d'une vierge réjouie
Fait donc la cour
A ma jolie !

— Ah ! je sors d'entre les enfants...
On me fiance...
Ce soir, on danse...
Car, aujourd'hui, j'ai mes seize ans.

— Belles paupières attendries,
Si le destin
Allait, demain,
Toutes roidies,
A Saint-Véran [2]
Vous porter ? car, brève est la vie !
Dieu seul est grand,
Ma trop jolie !

— Oui, je sors d'entre les enfants...
Et je veux être

De Dieu, mon maître,
La fiancée en mes seize ans.

---

[1] Le félibre Paul GIÉRA, qui avait pris le pseudonyme de *Glaup*, anagramme de Paul G., naquit à Avignon en 1816, et y mourut en 1861. C'est dans son petit château de *Font Ségugne*, situé à Châteauneuf-de-Gadagne, près d'Avignon, que le Félibrige fut fondé, le 21 mai 1854, par les sept poètes provençaux : Roumanille, Mistral, Aubanel, Mathieu, Tavan, Brunet et Crousillat. Paul Giéra a laissé quinze poésies provençales qui ont été réunies sous le titre général *Li Galejado* (les Facéties, les Plaisanteries) et se trouvent imprimées dans le recueil collectif *Un Liame de Rasin*, que nous avons déjà cité.

[2] Cimetière d'Avignon.

MADELON
MADELOUN
D'APRÈS FEU JULES CANONGE[1]
ARMANA PROUVENÇAU DE 1869

Sa taille tenait dans la main,
Elle avait la jambe bien faite,
Le cou d'un galbe pur et fin,
Et, jour ouvrable ou jour de fête,
Elle portait beaux diamants,
Dentelles et nouveaux rubans.

Quand elle passait sur la Lice[2],
Comme un folâtre papillon,

On lui disait avec malice :
« Comme elle est belle, Madelon !
Eh ! viens donc ici, qu'on t'admire ! »
Mais, elle, en éclatant de rire,
Se sauvait comme un papillon.

Au bord du Rhône étant assise,
Pour mieux se mirer dans les eaux,
A genoux Madelon s'est mise,
Et, se penchant trop sur les flots,
Tomba-t-elle dans la rivière ?
On le suppose ; car, enfin,
La cherchant en ces lieux, sa mère
Ne la vit plus, le lendemain.

Certains prétendent que la belle
Au loin suivit un séducteur ;
D'autres assurent qu'un pêcheur
La recueillit dans sa nacelle,
Toute couverte de limons,
Après que sa belle figure,
Ses dentelles et ses frisons,
Rongés des voraces poissons,
Leur eurent servi de pâture.

Quoi qu'il en soit, que Madelon
Et son malheur, filles rieuses,
Vous servent d'utile leçon ;
Et retenez qu'il n'est pas bon
D'être de vous trop amoureuses,

De ne songer qu'à vous parer,
Et d'aller dans l'eau vous mirer !

---

[1] L'écrivain et poète nîmois, Jules CANONGE, est mort en 1870. Parmi ses œuvres françaises, nous citerons : *Arles en France*; et, parmi les provençales, son charmant poème, *Bruno-la-Bloundo* (Brune-la-Blonde, ou la Gardienne des Aliscamps), avec traduction française, Roumanille, Avignon, 1858. A la fin de ce petit volume in-36, ainsi que dans l'*Armana prouvençau*, se trouvent quelques autres poésies provençales de Jules Canonge.

[2] *La Lice*, promenade d'Arles.

LES LAMENTATIONS DE LA VILLA-BOZON
LI PLAGNUN DE LA VILLA-BOZON

D'APRÈS FEU AMÉDÉE PICHOT

ARMANA PROUVENÇAU DE 1870

I

En me promenant, le matin,
Parfois, sur son gazon, ma prairie odorante
Ou bien la terre humide du chemin
M'offrent de petits pieds une trace recente...
Mais, non ! ce ne sont pas les siens ! et, tout saisi,
Du frisson de la mort je me sens envahi.

- Et dans la haie, à l'ombre du feuillage,
Qu'alors quelque petit garçon

De la fauvette imite le ramage,
    Ou fasse entendre une chanson...
Non, ce n'est pas sa voix fraîche, gaie et si pure ;
Mais, en la rappelant, elle aigrit ma blessure,
    Elle ravive mes douleurs,
Changeant mes yeux en deux sources de pleurs.
Je ne vous verrai plus, durant mes promenades,
    Traces de ses charmants petons !
    De sa voix et de ses chansons
Non, je n'entendrai plus les douces sérénades !

II

Comme le Paradis un jardin serait beau,
    Que, sans enfant, soit garçon, soit fillette,
Ce paradis serait, pour mon âme inquiète,
    Une volière sans oiseau,
Et triste pour mon cœur, comme l'est un tombeau.

C'est ce que je disais de ma villa chérie,
Au souffle du printemps embaumée et fleurie,
Toute pleine d'oiseaux sous le feuillage vert ;
Mais, depuis qu'à l'enfant, couronne de ma vie,
Branchette par la Mort avant son tour cueillie,
Le céleste jardin s'est à jamais ouvert,
Comme une roche nue au milieu d'un désert,
Le mien est une source où l'onde s'est tarie.

III

Dans mon breuvage amer s'il se mêle du miel,
J'ai songé quelquefois que, du jardin du ciel
Laissant le sable d'or et les fleurs constellées,
Mon enfant, par moments, revient dans nos vallées,
Puis, son bras à mon bras, m'exhortant de la voix,
Qu'il aide son vieux père à supporter sa croix...
O songe ! à mes baisers si tu pouvais le rendre !
Et, ne pouvant le voir, si je pouvais l'entendre !..
Mais Dieu, dans les concerts de ses ange bénis,
Veut garder pour lui seul les doux chants de mon fils !

---

[1] Le félibre Amédée Pichot, fondateur et directeur de la *Revue britannique*, naquit à Arles en 1796, et est mort à Paris en 1877. Il a laissé quelques poésies provençales qu'on trouve dans l'*Armana provençau*, et à la fin de son recueil français de poésies et de morceaux de prose, intitulé les *Arlésiennes*, Paris, Hachette, 1860. Parmi ses œuvres françaises, on doit encore citer son roman: *Le dernier roi d'Arles*, épisode des grandes chroniques arlésiennes, qui se rapporte tout entier à l'histoire, aux mœurs et aux anciens usages de la Provence.

LE CANTIQUE DE L'AMOUR
LOU CANTICO DE L'AMOUR
CHANSON NUPTIALE
D'après M. Louis ROUMIEUX
LA RAMPELADO

Allons, enfants de la P..... — Ah ! bigre !
Moi, dire ça, ce serait fort :
Quand il dort, réveiller le tigre,
S'il égratigne, il n'a pas tort !
Laissons dormir la politique
Et ses refrains. En ce beau jour,
Il vaut mieux chanter le cantique,
Le gai cantique de l'Amour !

L'Amour est l'âme de la vie ;
Heureux amants, tendres époux,
C'est la source qui vous convie
A boire ses flots purs et doux ;
C'est un sylphe, c'est un beau rêve,
C'est un je ne sais quoi sans nom,
Un farfadet qui nous enlève,
Sans que nous osions dire non.

L'Amour est la flamme immortelle
Qui, dans la nuit, brille à nos yeux ;
Il est l'oiseau qui, sur son aile,
Nous prend et nous emporte aux cieux.

Rose qui veut être cueillie,
N'étant encore qu'en bouton :
Sous les baisers épanouie,
Elle leur doit sa floraison.

L'Amour est le fruit qu'on désire,
Mais qu'à grand' peine il faut cueillir :
Pour l'atteindre plus on soupire,
Plus on y mord avec plaisir.
C'est un baume saint pour notre âme
Que brise toujours le chagrin ;
C'est la nacelle que la lame
Mène au port sous un ciel serein.

L'Amour est la divine cause
Qui fait que l'on veut être deux ;
C'est l'insecte ami qui se pose,
En bourdonnant : Soyez heureux !
Il est l'éclair et le tonnerre ;
Il est l'aurore et le plein jour ;
Il est le Paradis sur terre ;
L'Amour, pour tout dire, est... l'Amour !

Amour sacré de.... L'insolente !
Que me veut donc cette chanson ?
Beaux mariés, pour qui je chante,
Excusez ; voici ma leçon :
Laissez dormir la politique ;
Et puis, quand vous serez seulets,

Si vous approuvez mon cantique,
Ajoutez-y quelques couplets.

LA CIGALE

Chanson sur un air du roi René

LA CIGALO

Cansoun sus un èr dou rèi Rèinié

D'après M. Louis ROUMIEUX

LA RAMPELADO

Don, don !
L'aile s'étale,
O ma Cigale !
Don, don !
Fais vibrer ton clairon.

Pauvrette, au corset vert,
Pour toi triste est l'hiver ;
Juin fait ta gloire :
Grimpant au tronc vermeil,
Tu deviens noire,
Aux baisers du soleil.

Don, don ! *etc*.

Ta brillante chanson
Annonce la moisson ;

Ta voix babille ;
Au bruit de ton refrain,
  Luit la faucille,
Et l'œuvre va son train.

   Don, don ! *etc.*

Pour le pauvre proscrit
Qui pleure loin du nid,
  Joyeux ou tendre,
Que ton aimable chant
  Se fasse entendre,
Il rit, il est content.

   Don, don ! *etc.*

Soldat, quand tu languis
Hors de ton gai pays,
  Sa ritournelle
Fait tressaillir ton cœur
  Et te rappelle
Tes amours, ton bonheur.

   Don, don ! *etc.*

Que lui dis-tu donc tant,
Cigalette, en chantant ?
  Qu'en sa patrie
On attend son retour,
  Et que sa mie
Pense à lui, chaque jour.

   Don, don ! *etc.*

Pour les climats brumeux,
Quand, quittant nos ciels bleus,
   Si, loin de France,
Nous retient le destin,
   Ta souvenance
Est pour nous un festin.

    Don, don ! *etc.*

Te portant au chapeau
Et sur notre drapeau,
   Gente Cigale,
S'unissent, à ta voix,
   La capitale,
La Provence à la fois.

    Don, don ! *etc.*

A DEUX NOUVEAUX MARIÉS
A DOUS NOVI

CHANSON SUR L'AIR : « TRÈS-JOLIE » DE MADAME ANGOT

D'APRÈS M. Louis ROUMIEUX

LA RAMPELADO [1]

O Beaucaire,
Belle terre,
Pays des tendres bonheurs,
   Les fillettes
   Joliettes
Y germent comme les fleurs !

Aussi, fraîches cueillies
Les voit-on, tous les ans !
A peine épanouies,
Arrivent les galants.
« Nous vous aimons, poulettes »,
Leur disent les garçons ;
A quoi blondes, brunettes
Répondent : « Nous verrons ! »

  O Beaucaire, *etc.*

Dès lors, le temps s'écoule ;
Les baisers, les chansons
Se mêlent, et l'on foule
La rose et les boutons.
C'est le printemps : tout chante,
Tout rit, tout est heureux ;
Sa douce haleine enchante
Le cœur des amoureux.

  O Beaucaire, *etc.*

Puis les couples s'entendent ;
On en voit, chaque jour,
Qui, tendrement descendent
En ce pays d'amour.
On parle mariage,
Et tout est consacré
Par l'antique voyage
Du maire au bon curé.

  O Beaucaire, *etc.*

> Ayant fait ce voyage,
> Par vous tant souhaité,
> Qu'en votre heureux ménage
> Règnent amour, gaîté ;
> Et puis, dans votre vie,
> Par un charmant destin,
> Sur sa route fleurie,
> Soyez trois l'an prochain !
>
> O Beaucaire, *etc.*

Outre son recueil de poésies, intitulé *La Rampelado* (le Rappel), le félibre Louis Roumieux a composé un poème héroï-comique : *La Jarjaiado* (La Jarjaillade), histoire des aventures arrivées après sa mort, à *Jarjaio*, portefaix de Tarascon, personnage imaginaire. On doit encore au félibre Roumieux quelques œuvres dramatiques, savoir : *Quau vòu prendre dos lèbre à la fes, n'en prend ges* (Qui veut prendre deux lièvres à la fois, n'en prend point), comédie en trois actes, en vers. un vol. in-12, 1862 ; — *La Bisca* (La Fâcherie), comédie en deux actes, en vers, imitée du *Dépit amoureux*, de Molière, publiée par la *Revue des langues romanes*, 1879 ; — *La Leiçoun de francés* (La leçon de français), saynète en vers ; — plus un divertissement et un prologue d'ouverture.

M. Roumieux a aussi été le fondateur du journal provençal *Dominique*, qui changea ensuite ce nom en celui de *La Cigale d'Or*.

ELLE ET LUI
ELO E ÈU

D'après M. Louis ROUMIEUX

LE JOURNAL ILLUSTRÉ, N° DU 10 AU 17 OCTOBRE 1869.

De me changer si j'étais maître,
Si je n'étais pas moi, qui voudrais-je bien être ?
— Ah ! je voudrais être ELLE ! elle, la jeune enfant
    Dont l'amour parfume ma vie ;
    Elle, la vierge si jolie
Dont mes yeux sont charmés, que mon cœur aime tant !
    S'il m'arrivait pareille chose,
    Après cette métamorphose,
Mon Dieu! qu'il me plairait de voir, à mes genoux,
Les galants me tenir les propos les plus doux !
    Mais moi, riant de leur martyre,
    Je serais fière de leur dire :
Non, vous n'êtes pas LUI ! Messieurs, retirez-vous.

RÉGINEL

REGINÈU

D'après M. Félix GRAS

LI CARBOUNIÉ (LES CHARBONNIERS), EPOPÉE, CHANT Iᵉʳ

Des montagnards de la Provence,
En ces vers, je chante la fleur.

Il naquit sur ces monts où la bise, en cadence,
Tantôt folâtre et tantôt en fureur,
Dans l'atmosphère orageuse ou sereine,
Module ou fait rugir ses sons,
En emportant aux lointains horizons,
Et là-bas, dans la vaste plaine,
De nos pins toujours verts l'âcre et saine senteur.

Réginel est son nom. Puissé-je, avec honneur,
Si le Ciel me guide et m'inspire,
Placer autour du front de ce fils du Ventour
Une vive auréole aux couleurs qu'on admire,
Semblable à l'arc-en-ciel en son vaste contour.

Ses noirs cheveux, dont les boucles s'inclinent
Comme des flots mouvants,
De leurs anneaux luisants encadrent et dessinent
Ses épaules, son cou puissants.
Du reste, à sa fière structure,
A sa noble, à sa vive allure,

A son œil fauve et doux comme l'éclat du jour,
On voit en Réginel un enfant du Ventour.

>Derrière les sombres remparts
>Qu'à ces hauteurs forment, de toutes parts,
>Les pics, les roches escarpées ;
Parmi les pins, les ifs aux formes élancées,
>Forêts de loups et d'hommes forts peuplées,
>A grandi le fier jouvenceau
Que tente, dans ces vers, de peindre mon pinceau.
Hormis l'aigle, la bête fauve, les nuages,
>La foudre du ciel, les orages

Qui déchirent les airs ; puis, hormis les beaux yeux
>D'une jeune fille charmante,
>Qui sont pour lui des astres radieux,
>A l'adolescent que je chante
Ne demandez plus rien ; son âme si puissante
>Est de toute chose ignorante.
>Ainsi qu'un chêne vigoureux
>Qui dans le ciel et s'élance et respire,
>Il vit libre de tout empire,
Aimant à recevoir dans ses yeux noirs, perçants,
Du bienfaisant soleil les rayons éclatants.

>Que le roi souffre, qu'il se plaigne,
>Qu'obscur ou glorieux il règne,
Il s'en informe peu. Jamais ses argousins,
>Parmi ces mélèzes, ces pins,

Ne viendraient réclamer ou la taille ou la dime :
Ce sauvage pays est un profond abîme
>> Où périraient ces malheureux agents.
>> Les rochers, les torrents rapides,
>> Les loups et les brigands avides :
A les combattre sont voués ces paysans !

>> Pourtant, sa moustache follette,
>> Qui, vers ses bouts, se relève brunette,
Sur ses lèvres déjà fait son effet coquet,
Semblable aux beaux sourcils qui jettent leur reflet
>> Sur les paupières jalouses
>> Des sémillantes Andalouses.

Déjà, de Réginel l'amour remplit le cœur.
Mais, comme en son pays c'est un antique usage,
Qu'un jeune homme ne peut contracter mariage,
Qu'il n'ait fait tout au moins, pour prouver sa valeur,
Dans les principaux lieux de la belle Provence,
>> Ce qu'on nomme le tour de France :
L'amoureux Réginel s'éloigne de ces monts,
Et descend à regret, là-bas, dans les vallons.

ANNONCIADE

ANOUNCIADO

D'APRÈS M. FÉLIX GRAS

LI CARBOUNIÉ, CHANT Ier

De Réginel l'amour vrai remplit l'âme ;
Car, là-haut, dans l'azur, au sommet du Ventour,
Est une belle enfant, déjà presque une femme,
Fraîche comme l'aurore au début d'un beau jour.
    Cette fleur tendre, hier épanouie
        Au souffle embaumé du printemps,
        Atteint à peine ses quinze ans.
Et Réginel, pour embellir sa vie,
        A son retour, la cueillera,
Fruit tout nouveau qui pour lui mûrira.

Bergère, elle n'a pas, en sa douce innocence,
    Encor connu notre amère existence.
Réginel, un dimanche, en riant, déposa
Deux baisers sur son front, et leur cœur s'embrasa.
Annonciade (ainsi se nomme la fillette)
Est blonde, comme l'est de l'épi mûr l'aigrette ;
Son œil est un peu fauve et n'exclut pas l'amour,
Signe particulier aux enfants du Ventour.
Comme une belle rose à la teinte éclatante,
Sa bouche est parfumée, et fine, et souriante.

Aussi, l'on comprend bien que Réginel, hélas !
S'en aille avec regret pour moissonner là-bas.
Mais, de son cœur vaillant, sans qu'il sorte des plaintes,
Il descend bravement parmi les térébinthes.

ANNONCIADE

EN L'ABSENCE DE RÉGINEL

D'après M. Félix GRAS

LI CARBOUNIÉ, CHANT IV

Dans la région du ciel où plane l'épervier,
    Sur le sommet d'une roche escarpée,
Ainsi qu'un nid d'oiseaux s'élève Verdolier.
C'est là qu'Annonciade, aimable fiancée
Du vaillant Réginel, se pare, le matin,
En attendant le jour de son heureux hymen.

    Au moment de l'aube naissante,
Lorsque plaines et monts sont dans l'obscurité,
Sa grangette est déjà toute resplendissante
    De la blanche et vive clarté
Qui des Alpes s'en vient, messagère éclatante,
    En quelques gigantesques bonds,
    Dorer la cime de ces monts,
Avant que d'éclairer les plaines, les vallons.

Malgré les jets d'une vigne nouvelle,
L'adolescente, avec ses beaux bras blancs,
De sa fenêtre ouvre les contrevents
    Qu'encadre la verte tonnelle ;
Et, de la douce enfant le soleil amoureux
    L'embrasse aussitôt de ses feux,
Ce qui la rend encore et plus fraîche et plus belle.
Mais, que de fois on vit, au rendez-vous d'amour,
Réginel devancer l'astre brillant du jour !

Et tous deux à l'envi caressaient la fillette ;
Mais Réginel, hélas ! est aujourd'hui bien loin !
Annonciade, aussi, ne prend plus aucun soin
(Son amoureux absent) de sa simple toilette ;
Ainsi, sa chemisette a perdu son lacet,
Et sa taille n'est plus captive en un corset ;
Car Réginel était affamé de caresses
Et savait se montrer prodigue de tendresses.

Réginel est donc loin, et tel qu'un agnelet
Bêle pour demander de sa mère le lait,
Telle est Annonciade, et, de ses yeux humides
Tombent ses pleurs pareils à des perles limpides.
Nul ne la voit, l'entend, et des plateaux la fleur,
L'aigle et le soleil seuls connaissent sa douleur.

Dans l'eau du puits voisin, cette vierge innocente
    Ne va plus mirer ses beaux yeux,
  Ses seins naissants et sa taille charmante,
  Ses cheveux d'or et son cou gracieux.

Et, tandis qu'en la bergerie,
Ayant faim, bêlent les brebis,
Tout entière à sa rêverie,
L'amante fixe au loin ses yeux de pleurs remplis.

Et c'est aussi pourquoi, plus que simplement mise,
A la première messe, en un coin sombre assise,
Elle va triste et seule, et revient au logis
Pour ne plus s'occuper que de ses chers soucis.
Annonciade pleure, à ses amours fidèle,
Sûre que Réginel lui garde aussi son cœur,
Ce cœur dont il fit don en offrant à sa belle
De beaux pendants dorés, doux gages de bonheur.

Et c'est encor pourquoi, l'amante, sur sa table,
A laissé ses bijoux, et n'a pour vêtement
Qu'un cotillon bien simple et presque misérable,
Qu'un fichu sur son sein noué négligemment.
Cette pauvre affligée est désormais muette ;
De ses petits sabots le bruit, dans sa chambrette,
S'entend seul, et, voyant sa peine, son tourment,
Sa mère joint ses pleurs à ceux de son enfant.

LA CHANSON DES CIGALIERS
LA CANSOUN DI CIGALIÉ

D'APRÈS M. FÉLIX GRAS [1]

JOURNAL « LA CIGALE D'OR », DU 29 AVRIL 1877

   Les Cigaliers
   Aiment chanter
   Et festoyer ;
   Les Cigaliers,
Dans Paris, ce grand foyer !

Ils vinrent à Paris, non pour faire la quête :
Les Cigaliers sont forts et n'ont besoin de rien ;
Ils veulent, en chantant, faire grande conquête ;
Ils ont fui, dans ce but, le soleil, leur vrai bien.

   Les Cigaliers, *etc.*

Ils viennent caresser vos blondes jouvencelles,
Car les baisers des bruns aux blondes font plaisir ;
Un raisin noir fumeux cueilli sur les tonnelles,
Bien mieux qu'un raisin blanc, aiguise le désir.

   Les Cigaliers, *etc.*

Ils viennent entonner l'hymne de délivrance :
Vive la liberté, les baisers, la chanson !
Si vous voulez chanter en chœur : Vive la France !
Les frères Cigaliers vous donneront le ton.

   Les Cigaliers, *etc.*

3.

Si le chant ne suffit, ô fourmis, nos amies,
Aux terres du soleil, venez ! De beaux guérêts,
Du Ventour à la mer, nos plaines sont remplies,
Que foulent, tout l'été, nos chevaux Camarguais.

   Les Cigaliers, *etc*.

Si le blé ne suffit, nous offrons sans mesure
Nos fleurs avec nos fruits, pour les tous emporter.
Pourvu que le soleil darde à pleine figure,
Satisfaits, nous passons notre temps à chanter.

   Les Cigaliers, *etc*.

Nous sommes bons enfants. Ainsi, fourmi frugale,
Travaille en paix ; et puis, nous chanterons d'accord ;
Et, quand on parlera de ta sœur la cigale,
Vos neveux rediront à nos nièces du Nord :

   Les Cigaliers, *etc*.

Un jour, l'essaim quitta sa terre nourricière ;
Les cymbales sonnaient toutes à l'unisson ;
Il s'en vint à Paris. Depuis, la fourmillière
Ouvrit sa cigalière à toute nation.

   Les Cigaliers
   Aiment toster
   Et festoyer ;
   Les Cigaliers,
  Dans Paris, ce grand foyer !

[1] Outre son poème épique *Li Carbounié* (Les Charbonniers), dont les péripéties se déroulent principalement sur les pentes du Ventour, la plus haute montagne du Comtat et de la Provence, M.. Félix GRAS a composé des poésies provençales diverses, insérées pour la plupart dans l'*Armana prouvençau*. Ce félibre annonce aussi la publication prochaine d'un nouveau poème épique qu'il se propose d'intituler *Tolosa* (Toulouse).

LES FIANCÉS DE TRINQUETAILLE
LI NÒVI DE TRENCO-TAIO

D'APRÈS M. AUGUSTE VERDOT

ARMANA PROUVENÇAU DE 1875

— Adieu, gente brunette !
— Quoi donc, hardi blondin ?
— Où t'en vas-tu, seulette ?
— Je vais au grand jardin.
— Qu'y faire, de si grand matin ?
— Chercher l'herbe pour le lapin.
— Laisse-moi te conter fleurette !
— Nenni ! Voyez ce galantin !...

— Ah ! viens que je te parle !
— Trêve de parlement !
— Je suis le fils de Charle,
Fermier de Faraman [1].
Va, je ne suis pas franchimand;
Et, pour toi l'espoir m'enflammant,

Je courrais de Salon en Arle,
Mes souliers à la main portant.

— Cours, blondin, au vent largue ;
Fait jour court, parler long ;
A tout fat qui se targue
Misère un jour répond ;
Jeune homme, vous avez du front ;
Avant qu'on vous dise : mon bon !
Depuis la Crau jusqu'en Camargue,
Qu'il passera d'eau sous le pont !

— Moi, je serai, ma chère,
L'ami le plus constant,
Non comme bœuf sévère,
Mais comme agneau bêlant.
Je te prodiguerai, tout l'an,
Caresses, bijoux et pain blanc...
— Je vais donc le dire à ma mère ;
Allez le dire au *capelan* [2].

— Bonjour, monsieur le prêtre !
Brunette, en la voyant,
M'a plu ; de moi, peut-être,
En pense-t-elle autant ?
Nous vous prions donc instamment
De vite publier le banc,
Et, pour nous combler de bien-être
De nous marier sur le champ.

— Holà ! beau *calignaire* [3],
C'est beaucoup nous presser.
Nous traiterons l'affaire
Pour vous bien enlacer.
Mon devoir est de confesser,
Morts ni vivants ne délaisser ;
Mais, d'abord, par-devant le Maire
— C'est la loi — vous allez passer. —

On entend : Place ! place !
Un tambour retentit...
Qui se sent homme embrasse
Non femme, mais fusil.
— Toi, ne nous démens pas ; voici
Les papiers qu'il te faut, petit !
Le Prussien envahit l'Alsace :
Sac au dos, demain, sois parti ! —

Une mère adorée,
Un ciel d'azur, vingt ans,
Une amante parée,
Un cirque aux flots vivants;
De longs troupeaux, de vastes champs;
Frère en son berceau, vieux parents...
Devant la patrie outragée,
Tout disparaît pour ses enfants !

Aux chocs de la bataille,
Sous le canon des forts,

Le sol français tressaille,
Le sang coule à pleins bords :
On n'a ni pitié, ni remords !
Sous le plomb qui troue et qui mord,
Beau fiancé de Trinquetaille,
Tu tombas, l'époux de la mort !

---

[1] Le beau phare de Faraman, qui est un feu tournant de premier ordre, s'élève sur la côte méditerranéenne du delta de la Camargue, et signale aux navires qui viennent du large la passe sableuse et dangereuse de l'embouchure du grand Rhône dans la mer. Ce phare tire son nom du riche domaine de Faraman sur lequel il a été établi.

[2] *Capelan*, mot provençal signifiant : desservant de chapelle, chapelain, aumônier, ou plus simplement *prêtre*.

[3] *Calignaire*, mot provençal signifiant littéralement : *qui courtise*.

LA MER MÉDITERRANÉE
LA-MAR D'ENTRE-TERRO [1]
D'APRÈS M. Auguste VERDOT
POÉSIES INÉDITES

> *In principio... Spiritus Dei ferebatur super aquas.* (GENESIS, I, 2.)
> Au commencement... l'Esprit de Dieu était porté sur les eaux. (GENÈSE, I, 2.)

Des œuvres du Seigneur, Mer, c'est toi la plus belle :
Vaste, calme, terrible ainsi que le Très-Haut !
Tu submergeas un jour l'humanité rebelle ;
Mais, justice accomplie, apparut le rameau.

Et ta vague, depuis, se balance éternelle,
D'un double mouvement, en son constant niveau [2].
C'est elle qui vers nous porta la Foi nouvelle [3],
Et qui guida nos preux vers le divin tombeau [4].

Grande est donc ta beauté, Mer, route lumineuse
Des fiers Grecs, des Latins la race valeureuse.
Cèdre, olivier, palmier t'encadrent en tout lieu.

Jérusalem la sainte et Gibraltar la forte,
Afin que Rome enseigne en paix, gardent tes portes...
Et ton onde en tout temps porte l'Esprit de Dieu !

---

[1] *Mare Mediterraneum.* (Annotation de M. VERDOT.)

² La Méditerranée n'a qu'un mouvement de marée peu appréciable. (A. V.)

³ Allusion aux premiers apôtres des Gaules, qu'une frêle barque, selon la tradition, amena de l'Orient en Provence. (A. V.)

⁴ Allusion aux Croisades.

LE SOLEIL COUCHANT
LOU TREMOUNT

D'APRÈS M. Auguste VERDOT [1]

POÉSIES INÉDITES

Vois-tu bien, mon enfant,
L'astre couleur de sang,
Qui, sans rayons, s'incline
Vers la mer purpurine ?
C'est le soleil de Dieu.
A notre part du monde,
Pour que tout se féconde,
La nuit, il dit adieu.

Demain, ce grand flambeau,
Plus ardent et plus beau,
Des splendeurs de sa face,
Incendiant l'espace,
Roi pompeux, montera,

Ruisselant d'or, sans voiles,
Et la cour des étoiles
Devant lui pâlira.

De même, un soir, enfant,
Nos jours vont s'éteignant.
L'âme, soleil qui tombe,
S'éclipse dans la tombe ;
Puis, — solennel matin !
Elle en sort d'un coup d'aile,
Rayonnante, immortelle,
Pour le jour sans déclin.

---

[1] Un certain nombre des poésies du félibre Auguste VERDOT ont paru dans l'*Armana*, le journal *lou Prouvençau*, le *Journal de Forcalquier*, et surtout dans le recueil collectif intitulé *la Calanco*. M. Verdot se propose de réunir, un jour, en un volume, sous le titre *Li Luseto (Les Lucioles* ou *Vers luisants)* ses œuvres poétiques, qui se rapportent à des sujets très-divers.

JE REVIENDRAI
RETOURNARAI
D'APRÈS M. WILLIAM-CHARLES BONAPARTE-WYSE

LI PARPAIOUN BLU

Tant j'ai de souvenance
De ta terre, ô Provence,

Que je retournerai
Sous ton ciel de Jouvence,
Dans les beaux jours de mai,

Quand la rose boutonne,
Eclatante couronne,
Au pied du mont Ventour,
Et que de ma mignonne
Les seins gonflent d'amour.

Alors, près la charmille,
Avec toi, Roumanille,
Toi, si doux et si gai,
Aux yeux bleus de ma mie
De nouveau je boirai.

Cigale heureuse et libre,
Je chanterai, Félibre,
Avec vous, beaux rimeurs
Dont l'aile toujours vibre
De Rires et de Pleurs [1];

Ainsi qu'avec ton âme
Pure comme la flamme,
Qu'un amour éternel
De ses transports enflamme,
Tendre et chaste Aubanel;

Comme avec toi, trouvère,
Chantant la bonne chère,
Le vin, le *beau Chaton* [2]

Et semant sans mystère
Les baisers sur le front.

Et toi, noble génie,
Mistral, dans ta patrie,
Quand viendra son réveil,
J'irai vers ton Alpille,
Célébrer le soleil.

Londres, 28 janvier 1861.

---

1 Allusion au félibre Alphonse Tavan, auteur du volume de poésies : *Amour et Plour* (Amours et Pleurs).

2 Le félibre désigné dans cette strophe est M. Anselme Mathieu, auteur de la charmante poésie intitulée *Lou Catoun* (Le petit Chat) qu'il a dédiée à M. Bonaparte-Wyse. (Voir la *Farandoulo* d'Anselme Mathieu.)

POUR ANTOINETTE DE BEAUCAIRE [1]
PER ANTOUNIETO DE BÈU-CAIRE

D'APRÈS M. WILLIAM-CHARLES BONAPARTE-WYSE

LI PARPAIOUN BLU [2]

La blanche fleur du lis a son jour pour tomber ;
Elle a son jour, la feuille du grand chêne ;
Le soleil, par moments, semble se dérober ;
Pour la nuit seule est la lune sereine.

La douleur a son temps ainsi que les amours ;
    Dans les beaux ans se font les mariages ;
Mais la mort, Antoinette, elle est de tous les jours,
    La mort sur nous sévit à tous les âges.

O Vierge enchanteresse, ô mignonne de Mai,
    Des beaux rosiers glaneuse souriante,
Cette rose fleurie en ce printemps si gai,
    Sceptre que tient ta main blanche et tremblante,

Flétrie avant ce soir, et morte, dans un coin
    S'effeuillera dédaignée et seulette ;
Pourtant, nous aurons vu sa vie aller plus loin
    Que tu ne cheminas dans la tienne, pauvrette !

---

[1] Voir, plus loin, les poésies traduites d'après feue Antoinette de Beaucaire, et la notice sur cette jeune félibresse.

[2] Depuis la publication de son volume de poésies provençales, intitulé *Li Parpaioun blu* (Les Papillons bleus), M. Bonaparte-Wyse a écrit beaucoup d'autres pièces qui ont paru dans l'*Armana prouvençau*, la *Revue des Langues romanes*, l'*Alouette Dauphinoise*, etc.; il va en former un nouveau recueil, sous le titre : *Li Piado de la Princesse* (Les Traces des pas de la Princesse).

LE PAIN D'AMOUR
LOU PAN D'AMOUR
A TEODOR AUBANEL

D'après M. A. de GAGNAUD [1]

(LÉON DE BERLUC-PERUSSIS)

ARMANA PROUVENÇAU DE 1876

I

On voudrait goûter, chaque jour,
Au pain savoureux de l'amour !
L'amour, présent divin des belles,
Vole souvent à notre entour :
Veut-on le prendre par les ailes,
Prompt, vers les sphères éternelles
Il fuit, et souvent sans retour.

On ne pétrit pas, chaque jour,
Cet excellent pain de l'Amour.

II

Dans le dur chemin qu'il parcourt,
Qui ne fait son rêve d'amour ?
Comme l'étoile matinière,
Nous le guettons en un détour ;
Son éclat brûle la paupière ;
Le matin, pâlit sa lumière
Qui s'éteint dès que vient le jour.

Songe vain, qu'un constant amour !
Les pleurs seuls durent plus d'un jour !

III

On voudrait ouïr, chaque jour,
Les douces chansons de l'amour.
Poète, que ta voix descende
Dans l'âme close à double tour
De la belle ; qu'elle t'entende !
Puis qu'enfin docile, elle rende
La joie au pauvre troubadour !

O Maître, avec tes vers d'amour,
Viens bercer nos cœurs, chaque jour.

---

[1] M. de Berluc-Perussis, qui a été président de l'Académie d'Aix et de l'Athénée de Forcalquier, poète provençal et français, archéologue et publiciste, écrit souvent sous le pseudonyme A. de Gagnaud. Ses poésies provençales ou françaises ont paru dans l'*Armana*, la *Revue des Langues romanes*, le *Journal de Forcalquier*, l'*Alouette Dauphinoise*, la *Farandole* de Paris, etc. ; quelques-unes ont été imprimées à part. M. de Berluc a été le fondateur, à Aix, de l'Académie du Sonnet, et en a dirigé la principale publication, l'*Almanach du Sonnet*, qui a eu plusieurs années d'existence, et qui contient des sonnets français et provençaux dus aux meilleurs auteurs. Ce félibre a été aussi le promoteur et le principal organisateur des fêtes littéraires de N.-D. de Provence, qui eurent lieu à Forcalquier, en 1875 (voir la notice à la suite de la pièce de Mme Lazarine Daniel), ainsi que des fêtes internationales du cinquième centenaire de Pétrarque, à Avignon, en 1874, qui eurent un grand retentissement.

POUR LE BAPTÊME
DU PETIT FÉLIBRE DE SAINT-CLÉMENT
PÈR LOU BATEJA DÓU FELIBRIHOUN
DE SANT-CLEMENT
D'APRÈS M. A. DE GAGNAUD (DE BERLUC-PERUSSIS)
ALMANACH DU SONNET, DE 1877

Frais bouton de rosier dans nos neiges éclos,
Franc rejeton issu pour embellir notre île,
Tu viens donc nous trouver, beau petit Joseph d'Ille [1] ;
Et de pourpre on dirait que sont faits tes maillots.

Digne sang des aïeux nés sur ces rocs si hauts
Et du lait maternel en nobles cœurs fertile,
Sois heureux dans ta vie, et, comme eux, sois utile :
Une fée à ton doigt a mis l'anneau des Baux !

Et vous, baronne de notre double Provence,
Que votre bienvenue accueille sa naissance,
Que votre amour toujours veille sur cet enfant !

Et que, pleine d'ardeur, notre alpestre *Ecolette*,
Comme aujourd'hui, chez ce neveu de Stéphanette
Vienne, un jour, félibrer encore à Saint-Clément.

---

[1] Le jeune félibre Joseph d'Ille, dont M. de Berluc chante ici le baptême, est le fils de M. Charles d'Ille-Gantelme. La famille d'Ille-Gantelme, qui réside à Aix-en-Provence, compte parmi

ses ancêtres la célèbre Stéphanette de Gantelme, de la maison princière des Baux, qui présida maintes fois les *Cours d'Amour*, et notamment celle tenue, vers 1340, au château de Romanin. Mistral a célébré les princes et le château des Baux dans son poème maritime, *Calendau*, comme il a chanté Stéphanette et *Romanin*, dans sa belle pièce de ce nom dont nous donnons la traduction à la page 18 de ce volume. Stéphanette et sa sœur Huguette se firent plus tard religieuses au monastère de Saint-Pons, dont on voit aussi les ruines dans la belle vallée de Gémenos, près d'Aubagne (Bouches-du-Rhône), chantée par Jacques Delille. Le troubadour Blacasset, du XIIIe siècle, dit, dans la meilleure de ses pièces, que Saint-Pons, en prenant les deux sœurs, *a enlevé toute la joie de la Provence ;* aussi, lui vient-il souvent l'envie, d'aller, la nuit, brûler le couvent et toutes les nonnes.

La félibrée de Saint-Clément eut lieu, le 21 septembre 1879, au château de ce nom, près Volx (Basses-Alpes), qui appartient à la famille d'Ille-Gantelme ; elle est donc postérieure au baptême dont parle la pièce ci-dessus. M. Charles d'Ille a donné un récit très-intéressant de cette charmante fête littéraire dans sa brochure intitulée ; *Félibrée de Saint-Clément*, Forcalquier, Aug. Masson.

Le titre d'*Escouleto* (Ecolette), est celui que se donne modestement l'Ecole des Félibres des Alpes (l'*Escolo dis Aup*), dont le siège est à Forcalquier.

Enfin, l'expression *notre double Provence (li dos Prouvènço)*, comme dit le texte de M. de Gagnaud, est géographiquement et géologiquement très-exacte. La Provence se divise, en effet, sous ces deux rapports, comme aussi au point de vue botanique, en haute Provence ou Provence alpestre, et basse Provence ou Provence maritime. Les poètes provençaux appellent encore, quelquefois, cette dernière, *Prouvènço palunenco* (Provence paludéenne), mais cette désignation ne peut s'appliquer qu'à la région de la Camargue et à celle de l'étang de Berre et des petits étangs entourant le golfe de Fos.

A F. MISTRAL, NOUVELLEMENT MARIÉ
AU NÒVI F. MISTRAL

D'APRÈS M. LE PREMIER PRÉSIDENT RIGAUD [1]

ARMANA PROUVENÇAU DE 1877

Plus heureux que Vincent, tu trouvas ta Mireille !
De ne plus vivre seul tu n'auras pas regret.
Pour que ta récompense, ami, soit sans pareille,
Que Dieu te donne, un jour, un petit Mistralet...

---

[1] M. RIGAUD, premier Président à la Cour d'appel d'Aix-en-Provence, a peu écrit en provençal ; mais on lui doit une traduction en vers français du poème de *Mireille*. Il a aussi composé des sonnets et autres poésies françaises.

LES BŒUFS DE LA CAMARGUE
LI BIÒU DE LA CAMARGO

D'APRÈS M. Marius BOURRELLY [1]

« LA CIGALE A ARLES », PAR APARICIO

Air des *Bœufs*, de Pierre Dupont

Dans un coin de notre Provence,
Entre les deux Rhône et la mer,
Le bon Dieu fit, par bienveillance,
Un terroir vaste et découvert.

Afin que nos grands bœufs sauvages,
En-dessous d'Arles, vers la Crau,
Dans ces immenses pâturages
Paissent, innombrable troupeau.

Des bœufs de la Camargue
Que la troupe s'alargue,
Et coure à travers champs, volant comme des traits :
Laissez passer nos grands bœufs Camarguais !

Sous leur robe luisante et noire,
Ils bravent les feux du soleil ;
A les poursuivre, on peut m'en croire,
Suant, on userait l'orteil.
Sans se détourner, tête basse,
Leur corne pointue en avant,
Comme un coup de mistral qui passe,
Ils brisent ce qu'ils ont devant.

Des bœufs, *etc*.

Quand vient le jour de la ferrade,
On voit le *gardian*, le toucheur,
Les rassembler dans leur *manade*,
Et les mener vers le marqueur.
Sur le terrain, et d'un fer rouge,
On les marque ; aussitôt touchés,
La peau fumante, vers leur bouge,
Ils vont beuglants, effarouchés...

Des bœufs, *etc*.

Pour les courses, quand, vers l'Arène,
A Nimes, Arles, ils s'en vont,
Tant que le cavalier les mène,
S'ils font peur, nul mal ils ne font.
Mais, loin de leurs plaines salées,
Au cirque, sous les aiguillons,
Les pauvres bêtes affolées
S'élancent en furieux bonds.

    Des bœufs, *etc*.

L'écume alors sort de leur bouche,
Et leurs naseaux sont tout en sang ;
Malheur à celui qui les touche !
Autour d'eux faites le rond grand,
Puis, sauvez-vous !... S'ils vous approchent,
Sous la souffrance qui les tord,
D'un coup de corne ils vous embrochent,
Et loin d'eux ils vous lancent mort.

    Des bœufs, *etc*.

Mais, quand la course est terminée,
Quand on les a bien tourmentés,
La liberté leur est donnée,
Ils s'éloignent ensanglantés.
Traversant le fleuve à la nage,
Et, sans crainte de se noyer,
Ils vont droit à leur pâturage
D'eux-mêmes se rapatrier.

Des bœufs de la Camargue,
Que la troupe s'alargue,
Et coure à travers champs, volant comme des traits :
Laissez passer nos grands bœufs Camarguais !

---

[1] Le félibre Marius Bourrelly a écrit un nombre considérable de poésies parues dans l'*Armana prouvençau* et dans presque tous les recueils, revues et journaux de la Provence. Il a composé plusieurs comédies provençales. Il a fait encore diverses traductions, en vers provençaux, d'œuvres françaises et étrangères, dont la plus importante est sa *Traduction des Fables de La Fontaine*, 2 vol. in-8°.

Comme M. Marius Bourrelly, le félibre H. Laidet a aussi imité, en vers provençaux, les Fables de La Fontaine, 2 vol. in-12.

LE VICE-SYNDIC [1]

LOU VICE-SENDI

D'APRÈS M. MARIUS BOURRELLY

ALMANACH DU SONNET, DE 1877.

On a tant dit que tout Félibre
N'est rien qu'un pauvre pénitent,
Un vrai... dévot de gros calibre,
Que je crois venu le moment

D'abandonner ce propos libre
Que l'on fit courir trop souvent.

Non sans force, ma lyre vibre ;
Mais, le Félibrige indulgent

M'ayant nommé par bienveillance
Vice-Syndic de la Provence,
Chacun me passe à l'alambic,

Se demandant avec malice
Si le vice s'est fait syndic,
Ou si le syndic s'est fait vice.

---

[1] Depuis ce sonnet, M. Marius BOURRELLY est devenu Syndic de la Maintenance félibréenne de Provence.

JEAN DE RECAUD, TROUBADOUR DE TOULOUSE
A DAME ALAMANDE, SON AMIE
JAN DE RECAU, TROUBADOUR DE TOULOUSO
A N'ALAMANDO, SOUN AMIGO
D'APRÈS M. JAN MONNÉ [1]
ARMANA PROUVENÇAU DE 1875

Alamande, aimable reine,
Qui tiens mon cœur dans ta main,
Toi qui, de mon âme en peine
Sais dissiper le chagrin,
Seule étoile de ma vie,
Le couvent qui t'a ravie,

Mon amour le forcera
  Et t'aura.

Moi, ton Jean, dont la voix tendre
Soupirait à tes genoux,
Je ne puis plus faire entendre
Qu'au zéphir ton nom si doux :
Brise, porte à ma maîtresse
Ma douleur et ma tristesse,
Et raconte-lui mon mal,
  O mistral !

Couvent qui la tiens captive,
Quelque rayon de soleil
Dans ton cloître sombre arrive :
De cet astre sans pareil
Suivant le rayon qui brille,
Je saurai franchir la grille
Pour sur ses doigts déposer
  Un baiser !

Ma pauvre âme, ta vassale,
Se désole sur ton seuil ;
Ma zampogne provençale
Muette porte ton deuil !
Dans Toulouse, amante chère,
Je n'aurai plus, fier trouvère,
D'Isaure encore une fleur
  Pour ton cœur.

Mes vers à tes doux sourires
Ne pourront plus être unis,
Ne pourront plus nos délires
Nous ravir en paradis !
O mon soleil, Alamande,
Ton Jean, pour adieu, te mande
Son cœur noyé de douleurs
      Et de pleurs.

Et, pourtant, dans la ramée,
L'oiseau chante encor l'amour,
La fleur rit à la rosée
Qui s'évapore au plein jour.
Et moi, l'âme désolée,
Loin de toi, ma bien-aimée,
Je n'ai plus, pour me guérir,
      Qu'à mourir.

Bonheur ! tu n'es qu'un mensonge,
Tu fuis plus prompt que le vent !
Ayant perdu mon beau songe,
J'entre moine en un couvent :
Au missel chantant le psaume,
J'y lirai ton nom ! et baume,
Pour Dieu brûleront toujours
      Nos amours.

Sur les grains de mon rosaire
Ton nom sera ciselé,
Festonné sur mon suaire,

Sur ma poitrine gravé.
Et, quand finira ma vie,
Ce nom divin, mon amie,
Sur mes lèvres je l'aurai,
Et mourrai !

---

[1] M. Jan Monné est originaire de la Catalogne, mais habite Marseille. La plupart de ses poésies provençales ont paru dans l'*Armana prouvençau*; quelques-unes ont été imprimées à part.

Ce félibre est l'auteur de deux œuvres dramatiques. — L'une d'elles a pour titre *Casau* (Casaulx); l'action se rapporte à la reddition de Marseille à l'armée d'Henri IV, commandée par le duc de Guise, Henri le Balafré (1595), et le héros du drame est Charles Casaulx, premier consul de Marseille, assassiné par Libertat. Dans la seconde, intitulée *Sabran*, l'action se passe à l'époque de la guerre des Albigeois, au commencement du XIII° siècle. — Ces deux drames, qui ont chacun cinq actes, sont écrits en vers provençaux.

M. Jan Monné se propose de publier prochainement une partie de ses poésies diverses, en un recueil qu'il intitulera : *Flour de Vèuno* (Fleurs de l'Huveaune). — L'Huveaune, *Uvèune* ou *Vèuno*, est un petit fleuve qui prend sa source à la Sainte-Baume (Var), passe à Aubagne, arrose le territoire de Marseille, se grossit, près cette ville, du ruisseau *le Jarret*, longe Marseille sans y entrer, et se jette dans la Méditerranée à l'extrémité de la promenade du Prado. Une pieuse et poétique légende, dit F. Mistral, dans la note 3 du chant onzième de *Mireille*, attribue son origine aux larmes de sainte Magdeleine.

BOURRASQUES ET ACCALMIES
AURIGE E CALAMO
D'après M. G. CHARVET

ARMANA PROUVENÇAU DE 1877

Je te vis bien souvent dans ma triste pensée,
Aux rives de la mer, de douleur épuisée,
Les yeux noyés dans les lointaines profondeurs ;
L'eau battait à tes pieds, écumante et rageuse,
Et de ses escadrons la bande impétueuse
Mordait les rocs, hurlante et pleine de fureurs.

Puis, le vent faiblissait : dans la clarté mourante,
Sur la mer s'étalait la vague nonchalante,
Et son poitrail luisant paraissait respirer :
Puis, la paix s'étendait sur toute la nature,
Et la lune montait dans les cieux, blanche et pure,
Faisant scintiller l'onde et venant s'y mirer.

Comme les flots grondants, la vie a ses tempêtes ;
Mais le Très-Haut étend sa droite sur ces crêtes,
Et la mer et les cœurs soudain sont maîtrisés.
Lorsque son bras divin protège la dolente,
Alors le front se dresse, et, sous sa main puissante,
Les bons sont consolés et les méchants brisés.

LAURE
LAURO

D'après M. Jean-Baptiste GAUT

SOUNET, SOUNETO E SOUNAIO

Vénus était blondine et blondine était Laure,
Comme les rayons d'or de Phébus-Apollon ;
La moisson est blondine et blonde était Isaure.
L'or, le feu, le soleil, tout ce qui luit est blond.

Dans l'Eden, nous savons qu'Eve était blonde, encore
Ses cheveux la paraient, voile éclatant et long.
Ainsi, toute beauté de blonds rayons se dore !
Quand Pétrarque vit Laure, autour de son beau front

Ses boucles, neige d'or, environnaient sa face
Rayonnante d'espoir, de jeunesse et de grâce.
Par les flèches d'amour il se sentit dompté.

En extase, ébloui, son cœur vit que l'aimée,
Détachant des rayons de sa tête enflammée,
En couronna son front pour l'immortalité.

LA MORT

LA MOUERT

D'APRÈS M. JEAN-BAPTISTE GAUT

SOUNET, SOUNETO ET SOUNAIO

Toi qui renouvelles la vie,
O mort, pourquoi tant causer de frayeur ?
Sur nos tombeaux, bientôt épanouie,
Emblème de l'espoir, tu fais croître une fleur.

Quand l'âme du corps est bannie,
Tu l'emportes rapide auprès de son Auteur ;
Ton aile la conduit là-haut, vers la patrie
Où, libre, elle jouit enfin du vrai bonheur.

Mort, je te trouve bonne mère ;
Car, par toi réunis dans les bleus firmaments,
L'un pour l'autre à jamais vivent les cœurs aimants.

Quand de la terre tu nous sèvres,
Tu fais boire aussitôt à nos ardentes lèvres
Le lait divin des purs et saints attachements.

A MON AMI FRIZET
A MOUN AMI FRIZET
D'APRÈS M. JEAN-BAPTISTE GAUT
JOURNAL « LOU PROUVENÇAU », DU 4 MARS 1877

Tu viens, ô mon ami Frizet,
De m'envoyer ta thèse de licence,
Me disant (je ris, quand j'y pense)
Que je ne saurais pas en tirer un sonnet.

Ce poème, court en effet,
Appelle de cette sentence,
Car tout est de sa compétence ;
Et quel effort d'ailleurs jamais l'étonnerait ?

Les chastes Muses font commerce
Avec jargons de toute merce.
Mais, veux-tu plaire *in æternum ?*

Demande aux Muses l'ambroisie :
Un peu de jus de poésie
Vaut mieux que ton *Jus romanum.*

---

[1] Le félibre Jean-Baptiste GAUT, conservateur de la bibliothèque Méjanes, à Aix-en-Provence, a beaucoup écrit et versifié en provençal et en français. Parmi ses œuvres provençales, il a fait imprimer à part un recueil de sonnets intitulé *Sounet, Souneto e Sounaio, emé uno Sounadisso pèr Frederi Mistral* (Sonnets, Clochettes et Grelots, avec une Sonnerie par F. Mistral);

et un drame en trois actes et en vers, *Lei Mouro* (Les Maures). La plupart de ses autres poésies ont été insérées dans l'*Armana* et dans les autres recueils et journaux provençaux; parmi elles, nous citerons encore une œuvre dramatique, intitulée *Uno Court d'amour* (Une Cour d'amour), drame en trois actes et en vers, sans compter de lui douze comédies ou drames qui sont inédits. Les Mémoires de l'Académie d'Aix, tome IX, 1867, contiennent, de M. GAUT, une excellente *Etude sur la Littérature et la Poésie provençales*. Ce félibre fonda, en 1854, un journal provençal, *Le Gay-Saber*. Enfin, nous mentionnerons de lui un recueil de poésies provençales, par différents auteurs, qu'il a publié, avec une préface littéraire, sous le titre : *Lou Roumavagi deis Troubaires* (Le Roumavage des Troubaires), Aix, librairie Aubin, 1854 ; ce recueil sera plusieurs fois cité dans le présent volume.

Les mots *roumavage, roumeirage, romérage* étaient jadis appliqués aux pèlerinages que l'on faisait à Rome et à N.-D. de Lorette. Aujourd'hui, en Provence, ils désignent par extension les fêtes patronales des villages, où les habitants des lieux voisins se rendent pour invoquer le saint qu'on y fête, ce qui est une sorte de pèlerinage remplaçant celui de Rome. Les fêtes des paroisses portent encore, en Provence, selon les régions, les noms de *voto* (fête votive), ou de *trin* (fête musicale). Dans ces fêtes, les cérémonies religieuses sont généralement suivies de jeux et de danses.

LA TAMBOURINAIRE
LOU TAMBOURINAIRE
D'après M. François VIDAL
LOU TAMBOURIN [1]

Dans la poétique Provence,
Du tambourin les joyeux sons
Réjouissent vieillesse, enfance :
Toujours nous nous en régalons.
Beau danseur, danseuse légère,
Venez vite vous mettre en train ;
Ecoutez le Tambourinaire,
Et suivez le gai tambourin.

Il remplit nos cœurs d'allégeance,
Depuis le Rhône jusqu'au Var ;
C'est lui qui nous met tous en danse,
Du Comtadin jusqu'au Niçard.
Il a toujours l'art de nous plaire,
Le doux bruit, le joli refrain
Que produit le Tambourinaire
Sur la flûte et le tambourin.

Quand vient le temps du romérage,
Qu'on entend la cloche sonner,
Nous parcourons chaque village,
Et, ferme ! de tambouriner !

Pour que les fils de notre terre
Au bal battent de l'escarpin,
Frappe bien fort, Tambourinaire,
Et fais vibrer le tambourin !

Lorsque tu donnes tes aubades,
En tous coins on te fait passer ;
Les fillettes, aux promenades,
Viennent te chercher pour danser ;
Mais, va, ne les ecoute guère ;
Car, elles, du soir au matin,
Fatiguant le Tambourinaire,
Feraient crever le tambourin.

Au carnaval, aux farandoles,
Aux noces et dans les festins,
Chantant sur tes airs nos paroles,
Nous oublions tous nos chagrins.
A la valse, tout partenaire,
En tournant, semble pris de vin ;
Mais il rit au Tambourinaire
Dont l'entraîne le tambourin.

Pour les courses de la Tarasque,
Comme aux jeux de la Fête-Dieu,
Il vous fait courir, vieille masque,
Chevaux frux, *lagadigadieu !*
Du bon René le mousquetaire
Dériderait un capucin,

Quand tu siffles, Tambourinaire,
Les airs anciens du tambourin.

Tant que durera notre vie,
Tant que nous aurons bon jarret,
On nous verra, dans la prairie,
Danser au son du galoubet.
Nos enfants, comme père et mère,
Contents de leur heureux destin,
Aimeront le Tambourinaire,
Voudront ouïr le tambourin.

---

[1] M. François Vidal, auteur du volume intitulé *Lou Tambourin*, ouvrage couronné aux jeux floraux de Sainte-Anne d'Apt, est lui-même un des meilleurs tambourinaires de la Provence.— Le *tambourin*, qui est un tambour long et léger, et le *galoubet* sorte de petite flûte à bec, à trois trous, étaient jadis les deux instruments favoris des Provençaux dans leurs fêtes votives et autres réjouissances, et ils y sont toujours en honneur. Le même artiste joue à la fois des deux instruments, tenant le tambourin suspendu à son bras gauche, jouant du galoubet de la même main, et frappant le tambourin avec une petite baguette qu'il manie de la main droite. — Dans son livre écrit en prose provençale mêlée de vers, avec traduction française en regard, M. Vidal présente l'historique des deux instruments, donne la théorie de leur jeu, et consigne la plupart des anciens refrains de la Provence, notés pour ces instruments

Les poésies provençales de ce félibre ont paru en majeure partie dans le *Gay-Saber*, l'*Armana prouvençau* et nombre d'autres publications méridionales. Quelques-unes, dont *Uno Felibrejado à-z-Ais* (Une Félibrée à Aix), ont été imprimées en brochures séparées.

M. François Vidal dirige, actuellement, à l'imprimerie Remondet-Aubin, à Aix, l'impression du grand Dictionnaire provençal de Frédéric Mistral, *Lou Tresor dòu Felibrige.*

Comme œuvre française, nous citerons son Discours de réception à l'Académie d'Aix, relatant les *Manuscrits provençaux* possédés par la Méjanes, riche bibliothèque publique de la ville d'Aix-en-Provence.

² *Romérage*, nom donné, en Provence, aux fêtes des villages. Pour plus de détails à ce sujet, voir la notice placée à la suite de la pièce précédente.

³ « Tout le monde a entendu parler de la *Tarasque*, monstre qui, d'après la tradition, ravageait les bords du Rhône, et qui fut dompté par sainte Marthe. Chaque année, les Tarasconnais célèbrent leur délivrance par l'exhibition d'un simulacre de ce monstre, que des hommes portent à la course à travers les rues ; et, à des époques plus ou moins rapprochées, on rehausse cette fête par une foule de jeux. — *Lagadigadèu* est la célèbre ritournelle d'une chanson populaire attribuée au roi René, et qu'on chante à Tarascon dans cette fête. »

(Fr. Mistral, note 6 du chant IX de *Mireille.*)

Lagadigadèu étant une exclamation provençale particulière à cette chanson du roi René, et étant, d'ailleurs, intraduisible en français, nous avons cru pouvoir la rendre, pour le besoin de la rime, par *Lagadigadieu*. Les autres particularités contenues dans la strophe qui donne naissance à cette note, sont aussi relatives aux jeux de la Tarasque et autres fêtes provençales.

(*Note du traducteur.*)

LA CIGALE ET LA FOURMI
LA CIGALO E LA FOURNIGO

D'après M. François Vidal

« Armana Prouvençau » de 1868

L'été, durant les chaleurs,
Bonne et folâtre Cigale,
Tout le franc jour, nous régale
Ton chant qui plait aux rêveurs.

Insecte aux brunes couleurs,
Pour la saison hivernale,
Tu ne crains pas la fringale :
Cessant tes concerts, tu meurs !

Mais la Fourmi, ta voisine,
Dans ce temps emmagasine
Ce qu'elle a su récolter.

Ainsi, chacun se prodigue :
L'ouvrier, pour la fatigue,
Et l'artiste, pour chanter !

LA CHUTE DES FEUILLES

LA TOUMBADO DI FUEIO

D'APRES FEUE Mlle ANTOINETTE DE BEAUCAIRE [1]

La Felibresso de l'Èurre (du lierre)

LI BELUGO

Du bel été tinte le glas :
Pauvres feuilles, tombez, hélas !

Vous, si fraîches sur vos ramées
Vous, si vertes encore hier,
Aujourd'hui vous voilà fanées,
Car il souffle le vent d'hiver.

Du bel été tinte le glas :
Pauvres feuilles, tombez, hélas !

Je vous revois, quoique flétries,
Toujours avec même plaisir,
Vous, témoins de mes rêveries
Et de mes songes d'avenir !

Du bel été tinte le glas :
Pauvres feuilles, tombez, hélas !

Au pied des murs amoncelées,
Vous attendez là que les vents,
Dans leurs glaciales bouffées,
Vous dispersent par tous les champs.

Du bel été tinte le glas :
Pauvres feuilles, tombez, hélas !

Les verts rameaux qui vous servirent
De supports aux jours du printemps,
Se sont séchés dès qu'ils vous virent
En butte aux fureurs des autans.

Du bel été tinte le glas :
Pauvres feuilles, tombez, hélas !

Mais, que la brise vous emporte
Sur quelque tertre tout nouveau,
Pour recouvrir la pauvre morte
Qui vient de descendre au tombeau !...

Du bel été tinte le glas :
Pauvres feuilles, tombez, hélas !

Ou bien encor qu'elle vous pousse
Là-bas, au fond de ces halliers,
A côté de la verte mousse
Qui vous donnera ses baisers !...

Du bel été tinte le glas :
Pauvres feuilles, tombez, hélas !

Pour que les vives hirondelles,
En revenant en ces pays,
Feuilles sèches, jadis si belles,
Vous prennent pour faire leurs nids !

Du bel été tinte le glas :
Pauvres feuilles, tombez, hélas !

---

[1] Marie-Antoinette Rivière, plus connue sous le nom d'Antoinette de Beaucaire, naquit à Nîmes en 1840, et mourut à Beaucaire en 1865. Cette aimable félibresse, dont le talent poétique donnait les plus belles espérances, n'a laissé qu'un trop petit nombre de poésies, juste égal au nombre de ses années. Ces vingt-cinq pièces, publiées par les soins pieux du félibre M. Louis Roumieux, sous le titre : *Li Belugo d'Antounieto de Bèu-caire, emè la courouno trenado pèr li Félibre* (Les Bluettes, ou mieux Les Étincelles d'Antoinette de Beaucaire, avec la couronne tressée par les Félibres), Avignon, Aubanel frères, 1865, forment un beau volume in-8° qui comprend : 1° une préface biographique, pleine d'intérêt et d'émotion, par Louis Roumieux, retraçant les principaux traits de l'intéressante physionomie, du caractère, du talent et de la vie si courte de la jeune félibresse ; 2° quelques vers adressés à Antoinette, quand elle vivait, par Roumieux, Emmanuel des Essarts et Alphonse Tavan ; 3° *Li Belugo d'Antounieto*, c'est-à-dire les poésies d'Antoinette elle-même ; 4° enfin, *lou Doù d'Antounieto* (le Deuil d'Antoinette), magnifique couronne de pièces de poésie, tressée, comme le dit le titre, par la main des félibres, à la mémoire de leur jeune sœur, les unes en français, par Emm. des Essarts, et les autres en provençal, par Crousillat, Th. Aubanel, Mathieu, Tavan, Alph. Michel, Mme Roumanille, Brunet, Remy Marcelin, Mlle Valère Martin, l'abbé Lambert, Charvet, Fr. Vidal, Roumanille, l'abbé Aubert, Gaut, Bonaparte-Wyse, Girard, Mistral, Roumieux, Legré, Canonge, etc., etc. En tête de ce volume, est placé le portrait d'Antoinette, et, à la fin, la musique de plusieurs de ses poésies, composée par J.-B. Laurens et autres artistes.

Dans l'histoire littéraire de la France, on ne trouve d'analogue à l'admirable couronne poétique dont nous venons de parler, que la fameuse *Guirlande de Julie*, la plus illustre des galanteries, comme l'appelle Tallemant, composée en l'honneur de Mlle de Rambouillet, Julie d'Angennes, depuis duchesse de Montausier. Cette guirlande, qui date de 1641, consiste en une série de madrigaux où la belle Julie est successivement comparée à toutes les fleurs alors connues, par Racan, Ménage, Chapelain, Godeau, Arnauld d'Andilly, Conrart, Scudéry, Desmarests, Gombaud, Malleville, Montausier lui-même, etc., tous poètes de la fin du règne de Louis XIII (Voyez l'édition de Charles Nodier, in-18, 1826, dans sa *Collection des petits classiques français.*) Mais la *Guirlande de Julie* n'est, comme on le voit qu'un hommage rendu à la beauté d'une grande dame de la Cour, tandis que la *Couronne d'Antoinette* est le tribut d'admiration et de regret payé au talent précoce et à l'aimable caractère d'une jeune poète morte prématurément, par les félibres ses frères et ses amis. C'est dire que l'une a sur l'autre toute la supériorité de l'émotion vraie et du sentiment sur la galanterie et le bel esprit.

LA VISION
L'OUMBRO
D'APRÈS FEUE Mlle ANTOINETTE DE BEAUCAIRE
LI BELUGO

Au bois, sous le sombre feuillage,
Je vis une blanche lueur ;
Je courais, pour fuir ce mirage,
Qui me causait de la frayeur.

L'entendant, je l'ai reconnue
A sa compatissante voix :
« Comment !... te voilà revenue !
Ma sœur, c'est bien toi que je vois ? »

— « Au Ciel, ma céleste patrie,
J'ai vu ton cœur se désoler,
J'ai vu ton âme endolorie,
Et je viens pour te consoler.

Toujours présente à ta pensée,
Chaque jour, s'élèvent aux Cieux,
Pour celle qui t'a délaissée,
Tes chants et les pleurs de tes yeux.

Aussi, dans nos fêtes si belles,
A Dieu je demande pour toi,
Qu'il te donne de blanches ailes,
Et t'accueille ici, près de moi... »

Et je sentis un baiser tendre
M'effleurer : puis, plus rien ne vis...
Mais je fus heureuse d'apprendre
Qu'on se souvient en Paradis !...

A MA MONTRE
A MA MOSTRO
D'APRES FEUE Mlle ANTOINETTE DE BEAUCAIRE

LI BELUGO

Tu marquas de mes jours chaque heure la plus belle,
Comme tu ressentis les peines de mon sort :
C'est pourquoi tu seras ma compagne fidèle,
    Petite montre d'or.

Non ! je ne t'ai jamais dérobé ma pensée ;
Aussi, je te réserve, ô mon charmant trésor,
Ici, près de mon cœur, cette place cachée,
   Petite montre d'or.

Et, quand viendra le jour où, quittant cette vie,
Vers lui je t'enverrai, tu lui diras alors
Combien je l'ai chéri, pourquoi je suis partie,
   Petite montre d'or...

SACRIFICE
SACRIFICE
D'après feue Mlle ANTOINETTE DE BEAUCAIRE

LI BELUGO

O mon Dieu, votre voix réclame
Ce cœur que vous m'aviez donné,
Et votre main coupe la trame
De mon rêve, d'or couronné...

Hélas ! pourquoi donc, si cruelle,
Votre loi sainte m'ôte-t-elle
Ce que j'aimais chez les vivants ?
Depuis, dans mon âme flétrie,
L'espérance est évanouie,
Et je suis le jouet des vents.

VINCENT
VINCÈN

D'APRÈS FEUE Mlle ANTOINETTE DE BEAUCAIRE

LI BELUGO

Me dirais-tu, magnanarelle,
Quel est ce noble adolescent,
Qui, chaque nuit, parle à l'étoile belle,
Et puis s'en va dans la chapelle,
Aux pieds de Dieu mettre son cœur dolent ?
— Ce jeune homme au front pâlissant ?
Il pleure sa Mireille, et s'appelle Vincent !

AUX TROUBADOURS
ASSEMBLÉS A AIX, LE 21 AOUT 1853

EIS TROUBAIRES ASSEMBLAS A-Z-AIS,

LOU 21 D'AVOUST 1853

D'APRÈS Mlle REINE GARDE, D'AIX [1]

LOU ROUMAVAGI DEIS TROUBAIRES (RECUEIL COLLECTIF)

En ce beau jour de fête,
Pour accepter, Messieurs, votre invitation,
Ma Muse a bien un peu fait la coquette:
Excusez-la : car, avec passion,

La pauvrette
Aime la modeste chambrette
Où nous faisons d'accord notre séjour.
Là, je la guette, je l'embrasse,
Je la consulte chaque jour,
Sans que jamais elle paraisse lasse.
Elle est ma sœur, l'objet de mon amour :
Elle est ma compagne chérie !
Sans elle, mes amis, qu'aurait fait de la vie
Un être autant disgracié que moi ?
Je n'en sais rien... Mais au bon Dieu j'ai foi,
Car il n'oublie aucune créature.
Il a pris en pitié ma solitude obscure.
Sur cette terre de douleurs ;
En me voyant à l'abandon livrée,
Il envoya du Ciel cette noble inspirée,
Pour charmer mes ennuis et pour sécher mes pleurs.
Elle fut mon père et ma mère.
Quand mon pied sur le sol à peine se posait
Et que ses premiers mots ma langue bégayait,
Cette amie, à la fois indulgente et sévère,
De l'austère devoir me montra le chemin ;
Par elle je fus élevée :
A mes premiers travaux elle assouplit ma main.
Que de peine elle s'est donnée,
Sans perdre un moment de repos !
Au bien elle tendait à me rendre attentive,
Et je lui dois enfin tout le peu que je vaux.

Quoique je fusse maladive,
Le travail seul pouvant du besoin m'affranchir
　　Et m'assurer un modeste avenir,
　　　　Dès l'heure où le coq se réveille,
Cet ange du bon Dieu me disait à l'oreille :
« Ma fille, garde-toi d'abandonner ton cœur
A la mélancolie, au désespoir trompeur.
　　Si le malheur veut que sur des épines
　　　　Tu t'avances en ton chemin,
Prends patience, crois aux promesses divines :
Le Seigneur de tes maux saura marquer la fin.
Car, ne nous dit-il pas, dans la sainte Écriture,
Que, lorsque les oiseaux encore tout petits
　　Ne peuvent pas chercher leur nourriture,
Il permet que leur père ait l'instinct, dans leur nids
　　　　De leur apporter la pâture.
Dieu délaisserait-il l'humaine créature,
Ne l'aiderait-il pas à supporter ses maux,
　　　　Lui qui prend pitié des oiseaux ! »

Ma Muse disait vrai. Dieu ne m'a pas laissée !
Aussi, lorsque je vois pleurer un malheureux,
Je lui dis : « Adressez vos soupirs et vos vœux
　　　　Au Maître de la destinée.
Le sort est un jouet aux mains du Roi des Cieux ! »

---

[1] C'est à Mlle Reine GARDE, couturière à Aix-en-Provence, que Lamartine a dédié son roman intitulé *Geneviève, histoire*

d'une servante. Cette délicace est faite à l'humble ouvrière, dans une admirable préface, en forme d'Entretien littéraire, n'ayant pas moins de soixante-onze pages. Avec cet intérêt et cette émotion qui caractérisent ses écrits, Lamartine nous y raconte qu'en 1846, il était en villégiature à Marseille, dans une maison de campagne située au bord de la mer, à l'extrémité de la promenade du Prado. Reine Garde l'apprend par les journaux et par des vers de Joseph Autran. Désireuse de connaître le grand poète, un samedi soir, après avoir fermé son petit magasin à Aix, elle prend la diligence, et arrive le lendemain matin à Marseille. Elle se présente à la demeure de Lamartine, et lui expose avec embarras l'objet de sa visite. Le grand écrivain devine sur le champ en elle une amie de la poésie, une poète même, et la presse de lui lire ou de lui réciter quelques-uns de ses vers, ce que Reine fait en balbutiant, et toute rougissante. Lamartine trouve charmants les vers de l'ouvrière, que lui et Mme de Lamartine retiennent à dîner. « Après le dîner, dit le poète, nous allâmes nous asseoir tous les trois sur les bancs d'une barque vide échouée au bord de la mer. Nous reprîmes notre conversation de vieille connaissance avec Reine Garde, tout en jouant avec l'écume qui venait mourir contre la quille ensablée du bateau. »

Il va sans dire que cette conversation roule toute entière sur la littérature. Lamartine et Reine y expriment surtout les regrets qu'ils éprouvent que les bons auteurs écrivent seulement pour les gens lettrés, sans s'occuper de composer des ouvrages bien pensés et bien écrits, pour les paysans, les ouvriers, les classes populaires enfin, ouvrages qui élèveraient leurs pensées et formeraient leur goût. Quelques années plus tard, en 1859, les vœux du poète et de l'ouvrière provençale se trouvèrent réalisés par l'apparition des *Oubreto* de Roumanille, et de la *Mireille* de Mistral, à laquelle, nous l'avons déjà dit, Lamartine a consacré tout le quarantième Entretien de son *Cours de Littérature*. Lamartine, de son côté, voulut répondre à la même pensée, en publiant : en 1851, *Geneviève* qu'il dédia à Reine Garde ; en 1862, *Le Tailleur de pierres de Saint-Point* ; en 1866, *Fior d'Aliza*.

Le dimanche soir, Reine reprit la diligence, elle rouvrit sa boutique le lundi matin, à l'heure ordinaire, et personne ne se douta, à Aix, de son innocente et poétique escapade qu'elle n'aurait pas osé avouer.

Reine Garde a presque toujours écrit en français.

On lui doit deux volumes de poésies : 1° *Essais poétiques, par Reine Garde, couturière à Aix-en-Provence*, in-12, 1847 ; une seconde édition de ce recueil, considérablement augmentée, porte la date de 1851, Paris, in-12, librairie Garnier frères. — 2° *Nouvelles Poésies de Reine Garde, avec une notice de M. Charles Nisard*, Paris in-12, 1861, librairie Etienne Giraud. C'est à la fin de ce nouveau recueil, plus important que le précédent, que se trouvent quatre poésies provençales de Reine Garde, parmi lesquelles celle dont nous donnons ci-dessus la traduction.

La couturière d'Aix a aussi écrit deux livres ou romans d'éducation, en prose. — Dans l'un, intitulé *Marie-Rose, histoire de deux jeunes personnes*, Reine nous retrace les épreuves de son existence et de celle de d'une ses amies, orpheline comme elle; Paris, in-12, 1858, librairie Garnier frères.—L'autre ouvrage a pour titre : *Hélène, ou l'ange du dévouement*, Paris, in-12 1869, librairie Regis Ruffet, rue Saint-Sulpice.

Depuis plus de vingt ans, Mlle Reine Garde a quitté Aix et s'est retirée à Nimes, où elle vit dans une vieillesse avancée.

LA SORCIÈRE DU CASTELAN
LA MASCO DOU CASTELAN

D'APRÈS Mme JOSEPH ROUMANILLE, NÉE ROSE-ANAÏS GRAS

ARMANA PROUVENÇAU DE 1869

I

De la route du cimetière
Part un sentier plein de mystère,

Qui va montant et descendant ;
Des hauts cyprès la sombre masse,
Les cris du corbeau qui croasse
Epouvantent celui qui passe :
C'est le sentier du Castelan.

Au Castelan, disent les belles,
Parmi les débris des tourelles
Est une fée aux yeux perçants ;
Sur les créneaux de la muraille
Un hibou perche ; elle travaille ;
Et l'on voit son corps qui tressaille
Quand l'Esprit agite ses sens.

Dans les fêtes de nos villages,
Sans voler les œufs aux ménages,
Sans parler aux enfants peureux,
Elle n'en veut qu'aux amoureuses,
Et, de ses paupières chassieuses,
Lance des œillades moqueuses,
Vie ou mort des couples heureux.

II

Or, un soir que brillait la lune,
Allait seule une fille brune
Dans le sentier du Castelan ;
Le bruit de ses pas sur la pierre
La troublait... quand, de la sorcière

Ayant entrevu la lumière
Dans les ténèbres,... reculant :

« Non ! non ! criait-elle, effrayée
Et de sueur toute baignée,
C'est là qu'est l'enfer dévorant !
Vous ne me verrez plus, ma mère,
Mon bel ami, ma sœur si chère ;
Je viens d'ouïr la voix sévère
De la fée et du chat-huant !... »

Et le hibou, sur sa muraille,
En effet, miaule, criaille !
La sorcière sort à ses cris :
« Qui donc a l'audace, à cette heure,
De rôder près de ma demeure ?
Eh bien ! mais, si je ne me leurre,
C'est un oiseau du Paradis !

Viens donc, que je voie, ô fillette !
Resplendir ta face brunette
Au feu sacré de mon foyer !... »
Et, par la main prenant la fille
Qui, de terreur, se recoquille :
« En te parlant de lui, gentille,
Je saurai bientôt t'égayer. »

III

Puis, de son noir foyer la vieille
Ravive le feu qui sommeille,

Et, d'un ton rauque, chevrotant :
« Sois sans crainte à présent, brunette ;
Le feu luit, tu n'es plus seulette :
Et l'Esprit parle, ma poulette,
A la vieille du Castelan ! »

Mais l'amoureuse anéantie
Répond : « Mon amour est ma vie !
N'ensorcelez pas mon bonheur !
— Non, ma belle, tisse la toile
De tes amours ; sur ton étoile
Je ne veux point jeter un voile ;
Qu'elle conserve sa splendeur !...

Mais, donne-moi ta main fluette... »
Aussitôt un cri de chouette
Rend mourante la pauvre enfant !
« Ah ! malheur ! fait la vieille masque,
Dans peu de temps, quand viendra Pasque,
A Notre-Dame de Vénasque,
Tu ne verras plus ton amant !

Loin du Comtat, loin des Alpilles,
J'aperçois un couvent, des grilles,
Où tu viens te réfugier...
Une robe de laine blanche
Ceint maintenant ta belle hanche,
Et quand chacun rit, le dimanche,
Aux autels on t'entend prier.

Et, rempli d'une peine amère,
Je vois, en Provence, un trouvère
Qui chante, en pleurant, sa douleur... »
Et, se levant, tout attendrie :
« Ah ! je mourrai ! l'enfant s'écrie ;
Car mon amour c'était ma vie !
Et tu flétris mon lis en fleur ! »

IV

Puis, dans le mois où fleurit Pasque,
A Notre-Dame de Vénasque,
Les vierges vinrent... Mais, hélas !
On n'y vit pas la tendre amante
A son amoureux souriante...
Et, depuis lors, nonne dolente,
Sans cesse elle prie ici-bas.

LA CHAMBRETTE
LOU CHAMBROUN
D'après Madame R.-A. ROUMANILLE [1]

ARMANA PROUVENÇAU DE 1869

Son chariot est dans un coin,
Sa poupée est abandonnée,
Sur le parquet traine sans soin
Sa chemisette festonnée.

Contre le mur reluit au loin
Son collier d'ambre ; et, dépliée,
Sa robe l'attend, au besoin,
Sur sa couchette désolée.

Ses petits souliers bleus, brillants,
Jadis si vifs, sont là gisants.
Ont-ils trotté, joué par terre !

Mais quelqu'un vient... Parlons plus bas,
Pour qu'en ce moment n'entre pas
Dans cette chambrette, la mère !

---

[1] Les poésies de Mme Roumanille ont paru dans l'*Armana prouvençau*, dans l'*Almanach du Sonnet* et dans quelques autres recueils provençaux.

LES DEUX BAISERS
LI DOUS POUTOUN
D'après Madame Delphine ROUMIEUX [1]
journal « lou prouvençau », du 27 mai 1877

Le baiser ardent d'un trouvère
Est un feu qui brûle le cœur ;
Le tendre baiser d'une mère
Est un baume plein de douceur.

Celui-là toujours nous dévore,
Celui-ci nous donne la paix ;
Baiser de mère nous rend gais,
Baiser d'amour trouble et déflore.

---

[1] *Réponse de M. Louis ROUMIEUX à François Delille, au sujet de l'envoi de la traduction des* Dous Poutoun, *et de la lettre jointe à cet envoi :*

CARTO POUSTALO DU JOURNAL « LA CIGALO D'OR »,

DU 15 JUILLET 1877

Siéu pas de vostre avis : se sias un *traduttore*
Coume dis l'Italian, sias pas un *traditore*.
Es vous dire, counfraire, emé quinte plesi,
 Aquest matin, vous ai legi.
Pèr vosto traducioun tant fidèlo que fino,
En moun noum coumo au noum de ma bono Dóufino,
Vous mande eici, Felibre, en aquest recantoun,
Noste doublo brassado e nosti Dous Poutoun.

Cette charmante *Carte postale* n'étant pas suivie de sa traduction française par M. Louis Roumieux, voici celle que nous avons cru devoir en faire nous-même, pour les lecteurs ne comprenant pas le provençal :

Je ne suis pas de votre avis : si vous êtes un *traduttore*.— comme dit l'Italien, vous n'êtes pas un *traditore*. — C'est vous dire, confrère, avec quel plaisir, — ce matin, je vous ai lu. — Pour votre traduction aussi fidèle que fine, — en mon nom comme au nom de ma bonne Delphine, — je vous envoie ici, Félibre, en ce petit coin, — notre double embrassement et nos Deux Baisers.

SAINTE-ANNE D'APT
SANTO-ANO D'AT
D'après Madame Lazarine DANIEL [1]
(*la Félibresse de la Crau*)
JOURNAL « LA CIGALO D'OR », DU 4 SEPTEMBRE 1877

Vierge Marie, aux pieds de votre mère
Dont sur le livre saint le doigt vient se poser,
    A sa leçon que vous semblez vous plaire !
Serait-ce que pour vous l'oracle va parler ?

    Oui, car sainte Anne et savante et pensive
Voit vers vous la douleur et la gloire venir,
    Et son esprit, plein d'une flamme vive,
Aux clartés de la foi regarde l'avenir.

    Des saints écrits expliquant la sagesse,
Elle les voit surtout parler d'un Enfant-Dieu,
    Et, dans sa lointaine promesse,
Leur Sauveur est vivant et vient combler leur vœu.

    Mais c'est alors la vision sublime !
Voilà qu'un nimbe d'or environne leur front ;
    L'esprit divin les touche, les anime,
Et leur cœur aussitôt à la grâce répond.

    Joignant les mains, en extase ravies,
Leur désir les transporte au céleste séjour.
    Oubliant tout, on dirait que leurs vies
Vont s'exhaler dans un hymne d'amour.

Anges des Cieux, pour ouïr leur prière,
Laissez en ce moment votre Paradis pur.
   En louant Dieu, la Mère devancière
Voit Marie et Jésus glorieux dans l'azur !

Mais, sans effort, l'humilité profonde,
Quand l'extase a cessé, dirigeant leur raison,
   Elle obéit, l'enfant, Reine du Monde,
A sainte Anne qui dit : « Reprenons la leçon. »

Dieu, souriant, contemple ces deux femmes
A leur devoir toujours soumises sans retard ;
   Dans les douleurs seront fortes leurs âmes,
Car vers le Ciel sans cesse est fixé leur regard.

Pour te prier, relique vénérable,
Les méridionaux en ces lieux sont venus.
   Apt, quand tu dis : «Gloire à ma sainte aimable!»
La Provence ressent l'effet de ses vertus.

---

[1] Des poésies provençales de Mme Lazarine DANIEL ont paru dans l'*Armana* et dans le *Journal de Forcalquier*.

Forcalquier, que nous venons de citer, et qui est la ville natale de Mme L. Daniel, nous fournit l'occasion de mentionner ici un intéressant volume qui y a été publié, en 1876, par l'imprimerie Aug Masson, et qui a pour titre : *Lou libre de N.-D. de Prouvènço* (Le livre de N.-D. de Provence), in-8°. C'est le recueil des pièces de vers et de prose, provençales et françaises, qui furent composées pour les fêtes religieuses et littéraires célébrées à Forcalquier, en septembre 1875, à l'occasion de la consécration de la chapelle de N.-D. de Provence. Cette élégante chapelle, de forme octogone, et surmontée d'une statue dorée de la Vierge, a été élevée par les soins de M. l'abbé Terrasson, curé-doyen de la ville, et à l'aide des libéralités des Provençaux, sur l'emplacement des vestiges presque disparus de l'ancien château des comtes de Forcalquier. Ne pouvant énumérer, même sommairement, tous les morceaux importants que contient ce volume, nous nous bornerons à citer les trois discours en prose provençale de MM. de Berluc-Perussis, Aubanel et de Villeneuve-Esclapon, et tout particulièrement l'éloquent sermon provençal de M. l'abbé Terris, neveu de Mgr Terris, évêque de Fréjus et Toulon. Ce sermon, qui a trait aux vertus de la Vierge et à la protection qu'elle a de tout temps accordée à la Provence, fut prononcé devant l'archevêque d'Aix, l'évêque de Digne, le R. P. abbé des Prémontrés, et l'assemblée des Félibres accourus de tous les points de la Provence.

Les fêtes religieuses de Forcalquier furent accompagnées de concours littéraires, artistiques, agricoles, de farandoles et de divertissements de toutes sortes, égayés par la musique militaire et surtout par les entraînantes aubades des joueurs de tambourin et de galoubet, ces deux instruments favoris de l'antique comme de la moderne Provence.

LE MERCREDI DES CENDRES
LOU DIMÈCRE CÈNDRE.

D'après Madame D'ARBAUD, née VALÈRE MARTIN

(*la Félibresse du Caulon* [1])

LIS AMOURO DE RIBAS (LES MURES DES RIVES.)

FRAGMENT

A genoux ! à genoux ! c'est le jour gris des Cendres,
C'est le jour de gémir, peuple, sur tes péchés !

La cloche rend, chrétiens, des sons tristes, mais tendres.
Humilions nos cœurs de malice entachés !

Que sommes-nous, mortels, sur cette taupinière,
D'où nous serons bientôt et sans retour absents ?
Hommes, Dieu nous forma d'une vile poussière
   Qu'emporteront les vents.

C'est le jour de prier la divine clémence
Qu'elle efface nos noms du livre de la mort.
De l'éternel bonheur, la seule pénitence
   Ouvre la porte d'or.

A genoux ! à genoux ! c'est le jour gris des Cendres,
C'est le jour de gémir, peuple, sur tes péchés !
La cloche rend, chrétiens, des sons tristes mais tendres.
Humilions nos cœurs de malice entachés !

---

[1] Le CAULON ou CALAVON, dont Mlle VALÈRE MARTIN, a emprunté le nom, est une petite rivière, ou mieux un fort torrent, à sec pendant l'été, venant des Basses-Alpes, passant à Apt (Vaucluse), et allant se jeter dans la Durance, un peu ou nord-ouest de Cavaillon.

LES BORDS DU LEZ
LOUS BORDS DAU LEZ
(LANGUEDOC)

D'après feue Madame Xavier de RICARD [1]

LA CIGALE DE PARIS, (RECUEIL COLLECTIF.)

Rive de mon joli Lez,
Pourquoi fleurir si sereine?
Pourquoi chanter, oiselets,
Quand mon cœur est plein de peine?
Oiseaux, ils me font souffrir,
Vos doux chants; car de ma vie
La joie, hélas! s'est enfuie,
Pour ne jamais revenir!

Sur tes berges, joli Lez,
Quand se mariaient les roses,
Amants, nous sommes allés
Butiner ces fleurs écloses.
J'en mis une sur mon cœur,
Parfumée et purpurine;
Mais le méchant prit ma fleur,
Ne me laissant que l'épine!

---

[1] Madame de Ricard, de son nom de famille Lydia Wilson, félibresse montpéliéraine, naquit en France, d'une famille écos-

saise, en 1850. Elle épousa, en 1873, M. Xavier de Ricard, félibre languedocien. Elle est morte en 1880, dans tout l'éclat de sa jeunesse et de sa beauté.

A MON AMIE AMÉLIE MIR
A MOUN AMIGO MELIO MIR

D'APRÈS Mlle LÉONTINE GOIRAND

(*la Félibresse d'Arène*)

JOURNAL « DOMINIQUE », DU 22 OCTOBRE 1876

Elles s'en vont, les hirondelles ;
Elles vont se faner, les fleurs ;
Printemps, été, saisons si belles,
Pour adieux recevez mes pleurs.

Emportez ce qu'aime mon âme :
Les longs jours et le ciel serein,
Et les chansons pleines de flamme
Du rossignol, oiseau divin.

Avec vous, la brise attiédie
Va s'évanouir pour longtemps,
Et des fleurettes cette amie
Ne soufflera plus qu'au printemps.

Soleil, sous ta prunelle ardente
Ne se baisseront plus nos yeux ;
Adieu, lumière éblouissante ;
Adieu, nuits fraîches sous les cieux !

Nuits d'étoiles toutes brillantes,
Pleines de parfums et d'amour,
Nuits qu'on trouve si ravissantes,
Plus ravissantes que le jour !

Hirondelles, douces frileuses,
Qu'il est donc beau votre destin !...
De cette vie, ô voyageuses,
Vous ne voyez que le matin.

Du soleil tendres amoureuses,
Il vous faut toujours le ciel bleu ;
Vous poursuivez, pour être heureuses,
Ce que nous possédons si peu.

Recherchant les claires soirées
Durant lesquelles nous rêvons,
Vous allez en d'autres contrées
Faire éclore nids et chansons.

Partez donc, ô bestiolettes !
Je vous salue en vos parcours ;
Mais, ainsi que les violettes,
Revenez avec les beaux jours.

Envoi

A vous, ma sœur, ces faibles rimes :
De vous les offrir il m'est doux,
Comme exprimant les vœux intimes
Que je forme en mon cœur pour vous.

LE PETIT OISEAU
L'AUCELOUN
D'après Mlle Léontine GOIRAND

journal « dominique », du 24 septembre 1876

Gazouillant d'une voix joyeuse
Ta chansonnette harmonieuse,
Oiselet, ton sort est heureux,
Toi qui t'élèves dans les cieux !

Aimer, chanter, voilà ta vie,
O bestiole si jolie :
Sur terre, il n'est point de trésor
A comparer à ton beau sort !

Plein d'art, tu fais dans la ramille
Ton nid pour ta jeune famille ;
Et, durant la verte saison,
Qui n'aime entendre ta chanson ?

Mais, que dis-tu dans tes aubades,
Et, la nuit, dans tes sérénades ?
Nous l'ignorons, tristes humains,
Et, pourtant, nous battons des mains !

C'est que toujours tes mélodies
D'inspiration sont remplies,
Et que, dans tes couplets charmants,
Encor plus tendres que brillants,

Nous sentons que les belles choses,
Les étoiles, les lis, les roses,
Le bleu du ciel, l'eau du torrent,
Le soleil, œil du Tout-Puissant,

Sont tes amis, oiseau, mon frère !
Et tu les chantes en trouvère,
En trouvère au cœur plein d'amour..
Ah ! chante-les donc nuit et jour !

A MADAME XAVIER DE RICARD

AU MAS DE L'ALOUETTE

A Mme SAVIÉ DE RICARD, AU MAS DE LA LAUSETO

D'après Mlle Léontine GOIRAND

JOURNAL « LA CIGALO D'OR », DU 10 JUIN 1877 [1]

Près de la cité renommée,
Je sais un toit simple, élégant,
Sur lequel la brise embaumée
Verse son soufle bienfaisant.

Je me suis vite accoutumée
A suivre son sentier charmant,
Tant me plaisent l'hôtesse aimée,
Le jardin et le maset [2] blanc.

Mais un écho de poésie
Porte à mon oreille ravie
Un chant affectueux et doux,

Je pense alors, dona Doucette,
Que, dans ce nid de l'alouette,
Celle qui m'appelle... c'est vous !

---

[1] Plusieurs des poésies provençales de M{ⁿᵉ} GOIRAND ont aussi paru dans la *Revue des Langues romanes*, l'*Armana prouvençau*, les *Tablettes d'Alais*, etc. Cette félibresse se propose d'intituler son recueil, qui est encore inédit : *Li Risènt de l'Alzoun* (Les *Clapotements*, littéralement Les *Sourires* de l'Alzon). — L'Alzon est une petite rivière qui arrose les prairies d'Arène, au sud-ouest d'Alais, et se jette dans le Gardon, affluent du Gard, à environ quatre kilomètres de cette ville.

Dans les titres des trois pièces de M{ⁿᵉ} Goirand, que nous venons de traduire, nous n'avons pas inséré la mention : LANGUEDOC, bien que M{ⁿᵉ} Goirand soit née et réside à Alais (Gard). C'est parce que cette félibresse a toujours employé, dans ses poésies, le dialecte des félibres des bords du Rhône.

[2] *Maset*, petit mas, petite villa.

A MLLE ADÈLE SOUCHIER, DE VALENCE
A M^{llo} ADÈLO SOUCHIER, DE VALÈNÇO

D'APRES LA FÉLIBRESSE DE LA « TRAVÈSSO »
Aujourd'hui Religieuse de la Visitation
LOU CACHO-FIÒ, ANNUARI PÈR L'AN 1881

De l'étoile qui brille au ciel de la Provence
Les rayons vont au loin répandre la clarté ;
A ce foyer nouveau d'autres prennent naissance,
Et ravissent les yeux charmés de leur beauté.

Tes chants, ô Félibrige, en leur fraîche jouvence
Font tressaillir le cœur d'une sainte fierté.
Elle t'offre, aujourd'hui, notre antique Valence[1],
Cette fleur dont est fier son jardin enchanté.

Bienveillant, cueille-la : c'est une des plus belles !
Elle a tout le parfum qu'ont les roses nouvelles,
Quand on les voit s'ouvrir, sortant du vert bouton.

Elle décorera tes vaillantes phalanges,
Et ta branche sacrée offrant ce rejeton,
De ses sœurs, à l'envi, recevra les louanges.

---

[1] *L'Ecole félibréenne du Dauphiné*, à laquelle fait allusion le sonnet ci-dessus, et dont le siége est à Valence (Drôme), est une des plus récentes du Félibrige. Mais, sont venues s'y adjoindre

dans la réunion de la Maintenance de Provence, tenue à Toulon le 6 février 1881, l'*Ecole du Var*, dont le siége est à Draguignan, et l'*Ecole des Alpes-Maritimes*, dont le siége est à Nice.

TERRE ET MER
TERRO E MAR
D'après M. Charles BISTAGNE
LA CALANCO, DE 1879, (RECUEIL COLLECTIF)

— Je suis la Terre : fière et blonde,
Sous le soleil je resplendis.
— Je suis la Mer claire et profonde,
La mer bleue autant qu'un lapis

Elle fait les perles, mon onde ;
J'ai l'algue verte pour tapis.
— Mer, à mes pieds la mousse abonde ;
Mon sein recèle les rubis.

— J'abrite des poissons sous mes roches marines,
Plus qu'on ne voit d'oiseaux voler sur tes collines.
En moi se mire le ciel bleu.

Toi, tu portas Caïn : Arrière, arrière, Terre !
Car, on a vu ton sein rougi, mauvaise mère,
Du sang d'Abel, du sang de Dieu !

CONTRE L'AMOUR
A MON AMI FRÉDÉRIC DONNADIEU
CONTRO L'AMOUR
A MOUN AMI FREDERI DONNADIÉU
D'APRÈS M. CHARLES BISTAGNE [1]

L'amour ne vit que d'artifices.
Qu'on l'appelle, il va s'enfuyant ;
Quand on le fuit, plein de caprices
Il vient nous mordre en caressant.
Le mal qu'il cause est pour la vie,
Sa flamme ne dure qu'un jour ;
Rose d'amour est tôt flétrie...
Que le diable emporte l'amour !

Combien de chagrins à mon âme
Vous eussiez épargnés, grand Dieu !
Si vous n'aviez créé la femme
Et l'amour !... Vrai, j'en fais l'aveu ;
Nuit et jour il me turlupine.
S'il m'offrit ses fleurs, en retour,
Oh ! qu'il m'en fit sentir l'épine !...
Que le diable emporte l'amour !

Amour, je suis las de tes chaînes ;
J'ai moins joui de tes plaisirs
Que je n'ai souffert de tes peines :
Fuis donc, tyran de mes désirs !

Au dieu Bacchus, ton frère aimable,
Je me consacre sans retour.
Tu m'envoyas cent fois au diable ;
Que le diable t'emporte, amour !

---

[1] Les poésies provençales de M. Charles BISTAGNE ont paru dans l'*Armana prouvençau*, la *Calanco* et la revue des *Langues romanes* de Montpellier.

Les poésies françaises de ce félibre sont bien plus nombreuses, et forment trois volumes : *Aux bords du Lac*, poésies fugitives ; *Roses des Alpes*; et *Les Deux Touristes* (Voyage en Suisse), ouvrage en prose, mêlé de vers, qui a paru sans nom d'auteur, en 1865.

Il existe, du même poète, un poème intitulé : *Lamartine*, qui a obtenu, en 1880, le premier prix du concours annuel de la Société archéologique et littéraire de Béziers ; ainsi qu'une brochure contenant trois pièces également couronnées dans les concours.

Enfin, M. Bistagne est l'auteur des paroles de plusieurs romances et mélodies inédites.

FONT-FREDIÈRE [1]
FONT-FREDIERO
D'APRÈS M. PAUL ARÈNE [2]
ARMANA PROUVENÇAU DE 1873

Sur la roche, à la soleillée,
Reluit un trou d'eau : l'on dirait
Le miroir d'argent qu'une fée
Aurait perdu près d'un genêt.

Le merle, en sifflant, s'y repose ;
Et quand, lasses de travailler,
Les faneuses font une pause,
Elles vont pour s'y mirailler.

Mais, tremblante parmi les sphagnes,
Comme l'oiselet dans son nid,
Dans son pauvre trou des montagnes
L'eau claire sans cesse frémit.

Et les filles de rire ensemble,
Voyant, dans ce miroir mouvant,
Que toujours leur image tremble,
Même sans qu'il fasse du vent.

« Dis-moi, joli trou d'où descendent
Deux filets le long du coteau,
Quand les fillettes s'y regardent,
Pourquoi s'agite ainsi ton eau ? »

— « Amoureux, je vais te l'apprendre :
La reine Jeanne, un jour d'été,
Ayant soif, dut ici se rendre,
Sa chasse étant de ce côté.

Entre ses doigts couleur de l'aube,
Elle prit mon onde et la but ;
Un page lui tenait sa robe,
Et l'onde à son contact s'émut :

« O noble et charmante Jeannette !
« Après toi, reine belle à voir,
« A nulle femme mon ondette
« Ne servira plus de miroir. »

Et, se penchant, la reine Jeanne
Y vit son visage enchanteur ;
Mais, depuis, mon eau n'est plus plane... »
— « Belle source, ainsi fait mon cœur !

Car, du jour où ma bien-aimée
Riante, avec ses blonds cheveux,
Dans mon âme s'est regardée,
Nulle autre n'y mira ses yeux. »

---

[1] *Font-Frediero* est une fontaine ou petite source naturelle, dans la campagne dite de la Mission, ancien prieuré, dans la vallée du Jabron, près de Sisteron (Basses-Alpes).

[1] La plupart des poésies provençales du félibre Paul ARÈNE ont paru dans l'*Armana prouvençau*. Elles sont moins nombreuses que ses écrits français. Parmi ces derniers, nous citerons *La Gueuse parfumée*, recueil d'anecdoctes, d'impressions et de souvenirs relatifs à la Provence.

LA MER
LA MAR

D'APRÈS M. Chrétien de VILLENEUVE-ESCLAPON

ARMANA PROUVENÇAU DE 1875

(FRAGMENT)

Pourquoi nous fatiguer de ton bruit monotone,
O mer tempêtueuse, âpre et rauque trombone ?
Pourquoi battre sans fin ces rives, ton enclos ?
Toujours grincera donc ta poulie éraillée !
Et de toi nous n'aurons, éternelle enrouée,
  Jamais un moment de repos ?

Pourquoi, terrible, aux flancs de toutes ces rocailles
Heurter ton pied géant ? De ces rudes murailles
Tu n'as pu seulement mordre, avec ton salin,
La croûte ; et, dans l'horreur de votre lutte ardente,
Ton corps s'écharpe, ô mer, en écume bouillante :
  Ton sang ruisselle sur ton sein.

O mer, que t'a donc fait ta parente, la terre,
Pour t'acharner contre elle en cette folle guerre ?
Dieu, pourtant, de ses mains toutes les deux vous fit.
Rageuse, te faut-il, pour que tu ne t'ennuies,
D'un éternel combat les cris, les agonies,
  Et la mort de tout ce qui vit ?

Les sols où tu passas sont des plages stériles.
Agents mystérieux, contre cent jeunes villes

Montèrent à l'assaut tes sables éternels :
Sur ces bords où jadis elles brillaient ravies,
Ton linceul étouffa, vaseux, toutes les vies
    Avec l'âcreté de tes sels.

Malheur au nautonnier dont la main te caresse !
Ils sont moins dangereux les yeux de la tigresse
Qui se glisse invisible à travers les maquis,
Que ton calme trompeur, que ta beauté cruelle,
Que ton manteau d'azur où vogue sa nacelle,
    Et qui l'engloutit dans ses plis.

Oui, je te vois au loin guetter ces blanches voiles
Que la brise conduit. Contre ces pauvres toiles
Tu fis avec le vent des pactes infernaux.
Et, comme entre les doigts les écheveaux se tordent,
Entre vos deux efforts dont les fureurs s'accordent
    Seront écrasés ces vaisseaux !

Tu te ris du Très-Haut et de sa créature !
Le Très-Haut, néanmoins, le jour où la Nature
S'épanouit vivante et nouvelle, lui dit :
« Sois asservie à l'homme : il est ton roi, ton maître... »
Et, tout se soumettant : raisin et blé champêtre,
    Tout, docile, à l'homme s'offrit !

Pour étancher sa soif, au fond de la vallée,
Sous les fleurs, la verdure, et dans l'ombre cachée,
La source claire et fraîche, en filets s'épanchant,
Lui versa son eau pure ; et, sa veine pierreuse,

Pour bâtir ses maisons, la montagne orgueilleuse
      L'entr'ouvrit jusqu'au sang.

Comme, pour leurs époux, les douces jouvencelles
Se parent d'oranger : ainsi, de fleurs nouvelles,
Roses, lis et jasmins, pour enchanter les yeux
De l'homme leur seigneur, les campagnes s'ornèrent,
Et la lune et l'étoile au firmament brillèrent ;
      Pour, la nuit, éclairer ses cieux.

Pour embraser son cœur, il lui donna sa flamme
Le chaud soleil d'été ; pour élever son âme
Vers l'infini, le ciel se fit bleu, clair, profond ;
Le rossignol offrit son chant sous la verdure,
Sa plainte le vent-larg qui dans les pins murmure,
      Et l'astre son premier rayon.

Tout l'univers, enfin, à la loi souveraine
Obéit : la forêt, la montagne, la plaine,
L'étoile et le soleil se prosternent soumis
Devant ta loi, Seigneur ; mais, toi seule, marine,
T'insurgeant contre Dieu, tu gonfles ta poitrine :
      De rage et d'orgueil tu frémis !

Pourquoi, dans ce concert de beauté sans pareille,
Mêler tes hurlements ? Le pauvre qui sommeille
Sur ta rive, pourquoi l'assourdir de tes pleurs ?
Es-tu de l'autre monde une voix prophétique
Venant nous rappeller, comme dans Rome antique,
      Que l'homme est né pour les douleurs ?

O mer, je veux dormir ! laisse, laisse tes ondes
S'apaiser ! La clarté vient des sphères profondes,
La campagne verdoie, et gazouille l'oiseau !
Ah ! laisse-nous rêver jusques vers la soirée....
Nous avons, pour rêver, bien juste une journée
      Que suivra la nuit du tombeau !

---

[1] M. Chrétien de VILLENEUVE-ESCLAPON a été le fondateur et le principal rédacteur du journal *Lou Prouvençau* qui nous a fourni plusieurs des pièces traduites dans ce volume.

L'ASTRE

L'ASTRE

D'APRÈS M. MALACHIE FRIZET

ARMANA PROUVENCAU DE 1874

Une étoile a filé : dans le ciel azuré
A pâli tout à coup sa flamme vive et franche,
Puis elle s'est éteinte. Ainsi le fruit doré
Tombe du citronnier qu'un vent du sud ébranche.

Qu'est-ce à dire ? Aucun donc n'a percé ce secret ?
— Qui sait ? — dit le savant dont l'orgueil toujours
                                    [tranche...
Moi, qui n'ai d'un docteur ni le savoir parfait,
Ni la robe de pourpre avec hermine blanche,

Je vois que le Seigneur a donné tout exprès
A chaque nation, pour guide en ses progrès,
Un astre. Mais d'un peuple, un jour, si l'œil se voile,

Et qu'aveugle, il s'obstine à devenir vassal,
L'astre meurt, l'âme fuit. — O peuple provençal,
Dis-moi, ne manque-t-il là-haut aucune étoile ?

LA CLEF DES CŒURS
LA CLAU DI COR
D'après M. Alphonse MICHEL
LOU FLASQUET DE MÈSTE MIQUÈU
(LE FLACON DE MAÎTRE MICHEL)

LE FÉLIBRE

Rien n'est bon comme le plaisir ;
Oh ! crois moi, fille enchanteresse !
Daigne répondre à mon désir :
Laisse-toi faire une caresse.

LA JEUNE FILLE

Monsieur veut de moi se moquer ;
Les jeunes gens sont trop volages :
Ils ne cherchent qu'à nous tromper,
Nous, pauvres filles des villages...

LE FÉLIBRE

Ne crois pas trompeur tout galant :
Bannis une crainte pareille ;
Je t'aime d'un amour brûlant,
Comme Vincent aimait Mireille.

LA JEUNE FILLE

Passez, passez votre chemin,
Allez ailleurs conter fleurette ;
Vous n'aurez pas mon blanc jasmin,
Ni mes doux baisers de fillette.

LE FÉLIBRE

Ce que je sais de plus joli,
Je le dirai pour te complaire :
Le chant si pur de *Magali*,
Les romances du vieux trouvère.

LA JEUNE FILLE

Beau diseur, toutes vos chansons
Sur mon cœur n'ont point de puissance ;
Portez-les aux riches maisons
Des châtelaines de Provence.

LE FÉLIBRE

Je veux vanter à l'univers
Ta vive beauté qui m'enchante,
Et pour toi composer des vers,
Comme pour Béatrix, le Dante.

LA JEUNE FILLE

Messieurs, vous êtes fous vraiment
De croire ainsi toucher les femmes ;
Vous ne préparez que tourments
Et profonds chagrins à vos âmes.

LE FÉLIBRE

Quand nous sommes tout pleins d'ardeurs,
Que le sexe est pour nous sévère !
Dites, pour avoir vos faveurs,
Femmes, que nous faut-il donc faire ?

LA JEUNE FILLE

Pour conquérir un tel trésor,
La poésie est chose morte,
Troubadour ; mais une clef d'or
De nos cœurs sait ouvrir la porte.

LES CHERCHEUSES D'ESCARGOTS
LI BOUSCAIRIS DE CACALAUS
D'APRÈS M. MARIUS GIRARD [1]

LIS AUPIHO : SOUTO LI PIN (SOUS LES PINS)

Il pleut !... Là haut, le long des pentes,
Cheminent les limaces lentes.
Sans retard mettez vos sabots !
Courage ! alertes travailleuses,
Prenez vos paniers d'oliveuses,

Et hâtons-nous, filles rieuses,
D'aller chercher les escargots !...

Dans les sentiers, au pied des mornes,
Ils cheminent, montrant leurs cornes...
Fermez les portes des enclos...
On prendrait les uns pour des masques,
D'autres ressemblent à des casques,
Et d'autres à des bonnets basques...
Filles, courons aux escargots !...

Délicates sont les limaces,
Les moissonneuses sont moins grasses.
Toutes sont hors de leurs cachots.
Parmi les vignes, égarées,
Vous en verrez de bigarrées,
De grises, roses ou dorées...
Filles, courons aux escargots !...

Le thym parfumant nos marmites,
Ils cuiront, ces pauvres ermites,
Demain, dans l'eau bouillant à flots.
Puis, avec l'aïoli solide,
Et notre bon vin franc, limpide,
Nous ferons un dîner splendide...
Filles, courons aux escargots !...

---

[1] Pour faire suite à son volume de poésies provençales, *Lis Aupiho* (Les Alpilles), le félibre Marius GIRARD en annonce un autre qui aura pour titre *La Crau*.

LE CHATEAU DES BORMETTES
LOU CASTÈU DEI BOURMETO
D'après M. Alfred CHAILAN [1]
LA CALANCO DE 1879

Sur le bord de la mer, au front d'une colline,
Le château de Bormette [2] aux riantes couleurs
Brille au soleil et semble une étoile divine :
Terrestre paradis fait de calme et de fleurs.

Là, mes amis, la vie est douce, sans épine ;
On est contemplatif ; pleins d'amour sont les cœurs
Devant ce champ d'azur que la rive dessine,
Devant ces bois, ces prés aux suaves senteurs.

C'est là que, fatigué du monde et de ses vices,
On savoure de Dieu les sublimes délices.
Aucun trouble n'y vient assombrir notre front.

Dans cette majesté, — tous vous l'affirmeront, —
La Fée est au château ; sous ses jolis doigts roses,
Ronce, ortie, en ces lieux, tout se transforme en roses.

---

[1] M. Alfred CHAILAN, capiscol (président) de l'*Ecole de la Mer*, c'est-à-dire des félibres de Marseille, est l'auteur de poésies et de contes provençaux qui ont paru dans la *Calanco* et dans le *Journal de Forcalquier*. Nous signalerons notamment, parmi ses contes, celui qui a pour titre : *Leis Ermitan*

de Sant-Jan benurous (Les Ermites de Saint-Jean-bienheureux), et qui se distingue par un dialogue vif et enjoué.

Ce félibre est l'un des fils de Fortuné Chailan (1801-1840), l'aimable troubaire marseillais, auteur du *Gangui* (le Filet), recueil de poésies provençales pleines de verve, d'entrain et d'une gaîté de bon goût. M. Alfred Chailan, pour honorer la mémoire de son père, publie une édition du *Gangui*, magnifiquement illustrée.

C'est l'Ecole de la Mer, dont les membres prennent la dénomination de *marens* (poètes de la mer), et dont M. Chailan est le capiscol, qui publie *La Calanco* (La Calanque), recueil de poésies provençales dues principalement aux félibres marseillais.

[2] « Château situé près des salins d'Hyères, en face de l'île de Porquerolle, et ayant appartenu à Horace Vernet. »

(*Note ac* M. A. Chailan.)

LE ROI CHARLEMAGNE
RETROUVE LES RELIQUES DE SAINTE ANNE D'APT
LOU RÈI CARLE-MAGNO
ATROVO LEI RELICLE DE SANTO ANO D'AT

D'APRÈS M. G. DU CAIRE [1]

JOURNAL « LOU PROUVENÇAU », DU 27 AVRIL 1879

(FRAGMENT)

Déjà les étoiles pâlissent ;
Du lit du Calavon surgissent
Les vapeurs du matin, et les cimes des monts
 A travers les pins se dessinent,
 L'une après l'autre s'illuminent,

Aux lueurs de l'aube, et s'animent
Par degrés les sommets, les champs et les vallons.

  Landes, ravines, hauteurs, plaines
   Aux regards apparaissent pleines,
Même dans les genêts, les buissons épineux,
   De casques, de haches, d'épées
   Qu'on voit flamboyer embrasées.
   Sur les roches blanches, pelées,
Et que semble ronger un insecte poudreux.

   Mais ces soldats, sur la colline,
   Comme la race maugrabine,
Ne marchent pas sous l'étendard des Sarrasins.
   Symbole d'amour et de vie
   Pour l'âme blessée et meurtrie,
   Leur bannière est la croix bénie
Reflétant du soleil les rayons purpurins.

   Avec ses Francs, des marais d'Arles,
   Voici venir l'empereur Charles,
Le roi terrible et grand que la force d'En-Haut
   D'éclat, de majesté décore.
   Dans Montmajour qui fume encore
   Du sang de l'envahisseur Maure,
Il voit ce sang combler et rougir le ruisseau.

   Mais, noir et fangeux, dans ces terres
   Dont il a rempli les ornières,
Il nourrit les sillons et fait croître les blés.

Au lendemain de leur défaite,
Le roi Charles, son œuvre faite,
Venait dans Apt, pour faire fête
Et chanter messe au Dieu qui les a refoulés.

Sainte Vierge ! sommes-nous maîtres
De douter, quand, avec ses prêtres,
L'archevêque Turpin s'avance; et que le roi,
S'inclinant, ceint de la couronne,
S'agenouille ; et que l'environne
Tout un peuple qui s'abandonne
A son pieux transport qui sans cesse s'accroît.
....
....

C'est qu'un trésor est sous la terre,
Parfumant une grotte austère
Où d'une lampe on voit luire le doux éclat ;
Et, dans cette grotte ignorée,
Est un autel, un mausolée
Qui, dans sa cavité sacrée,
Cacha longtemps tes os, belle sainte Anne d'Apt !

Grand'mère de mon Dieu ! que dire
Et de la joie et du délire
Qui remplirent alors les cœurs des assistants ?
Depuis mille ans la basilique
Retentit du pieux cantique

Dont tressaillit sa voûte antique,
Et que les Provençaux rediront dans mille ans.

---

[1] La poésie dont nous avons le regret, vu son étendue, de n'avoir pu traduire ici qu'un fragment, a obtenu le premier prix au concours des jeux floraux de Cannes, en avril 1879. Les poésies provençales de ce félibre, qui les signe du nom de G. du Caire, sont pour la plupart inédites ; on peut, cependant, en lire une : *Lou Cantico de Sant Anquièli* (La légende de Saint Eucher), dans la *Calanco* de 1879.

Mais cet auteur a publié sous son vrai nom, Gonzague de Rey, un ouvrage français plein de recherches consciencieuses et très-instructif, intitulé : *Les Invasions des Sarrasins en Provence, pendant le VIII°, le IX° et le X° siècle;* Marseille, typ. Marius Olive, 1878.

LA LIONNE
LA LEIOUNO

D'APRÈS M. Louis ASTRUC

JOURNAL « LOU PROUVENÇAU », DU 9 JUIN 1878

> Ah ! que les rêves de cet âge,
> Pour les cœurs attristés sont doux !
> Ils font toujours rire le sage,
> Et parfois font pleurer les fous !...
> (D'APRÈS M. ANSELME MATHIEU.)

Abîmé dans mes sentiments,
Oui, je me crois fou par moments,
Car mon idée est plus que folle !
Mais, quand mon beau rêve est fini,

Mon cœur ardent n'a point frémi
Et vers sa folie il revole.

Ah ! c'est qu'il est doux de rêver !
On ne redoute aucun danger ;
On plane au milieu des orages ;
On s'élève jusques aux cieux ;
Dans l'infini plongeant les yeux,
On est porté par les nuages !

Abîmé dans mes sentiments,
Oui, je me crois fou par moments,
Car mon amour que rien n'explique,
Me conduit, à travers les airs,
Dans les antres, dans les déserts,
Au fond de la brûlante Afrique.

Mais, j'y suis bien plus au pays ;
De feu mes regards sont remplis,
Le soleil m'inonde et m'éclaire ;
Chaque brise, chaque zéphir,
Me souffle au cœur un souvenir...
Et j'attends celle qui m'est chère !

Abîmé dans mes sentiments,
Oui, je me crois fou par moments,
Sachant ce que mon cœur appelle !
Le sais-tu, Vidal qui fus fou
De ta *Louve*, et qui te crus loup [1] :
— C'est ma *Lionne* grande et belle ! —

O lionne de mes secrets !
Lionne, pourrai-je jamais
De ma main caresser ta face ?
Quand, ô lionne, mon trésor,
Viendra ton beau pelage d'or
A mes regards montrer ta grâce ?

Abîmé dans mes sentiments,
Oui, je me crois fou par moments,
Car je veux que tu m'appartiennes.
O noble reine, arrête-toi ;
Fière princesse, écoute-moi ;
Mon orgueil ! il faut que tu viennes !—

A toi je ne suis point pareil :
Tu ne crains rien, et le soleil
A ta tête sert de couronne ;
Eh bien ! ton soleil est le mien,
Comme toi je ne crais plus rien,
Pas même toi, forte lionne !

Abîmé dans mes sentiments,
Oui, je me crois fou par moments !
Avec toi je veux voir les cimes ;
Puis, je veux descendre avec toi,
Pour voir tes palais, sans effroi :
Ces antres que tu rends sublimes !

Si je pouvais être lion,
A genoux, plein de passion,

Je te dirais : « Belle maîtresse,
Règne, et permets à ton vassal,
Sur ton riche manteau royal
De déposer une caresse... »

Abîmé dans mes sentiments,
Oui, je me crois fou par moments,
Car je te dis : « Voici ma vie,
Fais de moi ce que tu voudras,
Mon cœur en lambeaux tu mettras,
Pour polir tes ongles, ma mie ! »

Quand tu viendras me déchirer,
J'aurai le bonheur de serrer
Ta poitrine sur ma poitrine ;
Je verrai mes yeux dans tes yeux,
Et mon sort sera bien heureux,
O mort d'amour, ô mort divine ! »

---

[1] « Le *Vidau l'aloubati* de la *Leiouno* de M. Louis Astruc, est Pierre Vidal, troubadour du XIIe siècle, fils d'un pelletier de Toulouse. Il composa des vers sur une dame de Carcassonne, nommée *Louve* (Loba), dont il devint amoureux, et à cause de laquelle il fit le loup, mit un loup dans ses armes, et se revêtit d'une peau de loup. »
(MICHAUD, *Biographie universelle*, tome 43, page 343.)

INSOUCIANCE
INCHAIÈNÇO

D'après M. Louis ASTRUC

journal « dominique », du 31 décembre 1876

Puisqu'il n'est dans la vie
Rien que soupirs et pleurs
Et douleurs ;
Qu'à l'aube épanouie,
La rose belle à voir
Meurt le soir,
Insouciance, insouciance,
Viens vite m'enivrer,
Et d'amour, ma jouvence,
La sevrer !

Puisqu'on voit la traîtrise,
Toujours dans l'amitié
De moitié,
Et que le cœur se brise
Aux serrements de bras
Des Judas,
Insouciance, insouciance,
Viens vite m'enivrer,
Et d'amis, ma jouvence,
La sevrer !

Miséricordieuse,
Mon âme voit — horreur ! —
La rougeur
Sur la face envieuse ;
Et nos sentiers sont pleins
De Caïns.
Insouciance, insouciance,
Viens vite m'enivrer ;
De pitié, ma jouvence,
La sevrer !

Amis, pitié, maîtresses,
Vous n'avez plus d'attraits ;
Mes couplets
Veulent d'autres caresses.
Vole donc, ma chanson !
L'abandon
Dans l'agréable insouciance,
Va, par la liberté,
Me rendre, en ma jouvence,
Enchanté.

La douce paix, ma Muse,
Viens la chercher là-bas
Dans mes bras,
Et toi, ma cornemuse,
Redis mes gais refrains
Enfantins.
O bienheureuse insouciance,

Baume des cœurs souffrants,
Veille sur ma jouvence,
Dans les champs.

Dans les champs solitaires,
Oui, je retournerai
Calme et gai,
Eloigné des misères
Que font amour, pitié,
Amitié.
Et, vivant dans l'insouciance,
Mon cœur rendu serein
Reverra ma jouvence
Sans chagrin.

Mon âme trop sincère,
De pleurs amers perdus
Ne veut plus ;
Lasse en est ma paupière.
De mon cœur, mes amis
Sont bannis ;
Grâce à toi, chère insouciance,
Chattemites, jaloux,
Aux yeux de ma jouvence,
Sont des fous.

Donc, l'Amour, du trouvère
Va déserter le cœur.
Mais, malheur !
Alors, que vais-je faire ?

Sans baisers je vivrais !
     Non, jamais !
Oh ! c'en est trop, insouciance !
   Je ne puis en oubli
   Mettre, dans ma jouvence,
     Ma Néli.

SUR LE PONT D'AVIGNON
SUS LOU PONT D'AVIGNOUN
D'APRÈS M. Louis ASTRUC [1]

POÉSIES INÉDITES

Du jour majestueux s'annonce le réveil.
Les nuages, au vent, s'entr'ouvrent sur la rive
Comme de blancs rideaux ; et bientôt, le soleil,
Pour faire sa toilette, en Avignon arrive.

L'aube apprête pour lui son écrin de vermeil,
Puis vite elle s'enfuit, vierge rose et craintive,
Et l'astre, rayonnant d'un éclat sans pareil,
De feux, de diamants met sa couronne vive.

Peu fier de sa beauté, sur le pont d'Avignon,
On le voit s'incliner dans un noble abandon,
Et prendre pour miroir le Rhône qui sommeille...

Quand il s'est bien paré, ce grand mais bon seigneur
Monte, donnant au riche ainsi qu'au travailleur,
L'espoir que sa présence en tous les cœurs éveille.

---

[1] Les poésies provençales du félibre Louis ASTRUC ont paru dans l'*Armana*, la *Calanco*, la *Farandole* de Paris et autres recueils et journaux. Il se propose de les réunir en un volume qui aura pour titre : *Li Cacio* (Les Cassies) — c'est le nom provençal de la *Mimosa Farnesiana* Linn., fleur d'un jaune d'or, emblème des jeunes Marseillaises. — M. Astruc est aussi l'auteur d'un drame en vers, inédit, intitulé *La Marsiheso*, (La Marseillaise). — Le journal provençal *Dominique-Cigalo d'Or* publia de lui: *Uno pajo dóu Carnavas* (Une page du Carnaval), nouvelle marseillaise, en prose. — Actuellement, le journal *lou Brusc* donne, de ce félibre, sous le titre : *Moun Album*, une série de sonnets-portraits, dont chacun est consacré à une notabilité littéraire ou artistique de la Provence.

LA CROIX DE PROVENCE
LA CROUS DE PROUVÈNÇO

TRADUCTION DE L'INSCRIPTION EN VERS PROVENCAUX, PLACÉE SUR UNE DES FACES DU PIÉDESTAL DE LA CROIX DE PROVENCE; ÉRIGÉE AU SOMMET DE LA MONTAGNE SAINTE-VICTOIRE, PRES D'AIX [1].

Salut, ô Croix ! foyer d'immortelle lumière !
Avec le sang divin, ô testament écrit !
La Provence à tes pieds s'inclina la première,
Protège la Provence, ô croix de Jésus-Christ.

¹ La montagne Sainte-Victoire a été ainsi nommée, depuis le christianisme, à cause de la défaite que Marius infligea aux Cimbres et aux Teutons, sur les bords du Lar (quelquefois improprement nommé l'Arc), petit fleuve qui va se jeter dans l'étang de Berre, et qui arrose les plaines de Pourrières *(Campi putridi)* s'étendant aux pieds de la montagne.

La croix, dite *Croix de Provence*, qui a été érigée à son sommet, a été consacrée par Mgr Forcade, archevêque d'Aix, le 18 mai 1875.

Cette croix, qui est de fer ouvragé, mesure 7 mètres de hauteur; elle est supportée par un piédestal quadrangulaire en pierre, et le monument entier dépasse 18 mètres ; on le voit très-bien du rond-point du cours Mirabeau, à Aix, qui en est éloigné d'une demi-journée de marche. Chaque face du piédestal présente une inscription : celle qui regarde Aix, c'est-à-dire la Provence, est en vers provençaux ; celle qui regarde Marseille, colonie phocéenne, est en grec; celle qui regarde Rome, est en latin ; et celle qui regarde le nord, c'est-à-dire Paris et la France, est en français.

Pour l'inscription en vers provençaux, un concours fut ouvert, et tous les félibres qui versifiaient alors, depuis les plus célèbres jusqu'aux plus humbles, regardèrent comme un acte de patriotisme d'envoyer leur pièce. Celle dont nous donnons ici la traduction a été l'inscription choisie ; son auteur a désiré rester inconnu.

Mais, de toutes les pièces envoyées à ce concours, on a fait un recueil intéressant par la diversité même avec laquelle un sujet unique a été traité. Ce recueil est intitulé : *Lou Libre de la Crous de Prouvenço* (Le Livre de la Croix de Provence).

Nous en avons tiré le beau sonnet de M. Th. Aubanel, *L'Aubre de la Crous* (l'Arbre de la Croix), dont nous donnons la traduction page 36.

LA SAINTE-ESTELLE A ROQUEFAVOUR
LA SANTO-ESTELLO A ROCO-FAVOUR

D'après M. Hippolyte GUILLIBERT

journal « lou brusc », du 30 mai 1880

Roquefavour, terre embaumée,
Dans tes gorges où vint César,
Près des cascatelles du Lar.
Sifflent les trains noirs de fumée.

Sur des arceaux géants portée
Par ce pont, chef-d'œuvre de l'art [1],
La Durance, de toute part,
Va féconder notre contrée.

Mais, œuvre des efforts humains,
Fusses-tu travail de Romains,
Tu périras, quoique bien belle!

Ne crains rien, pourtant, frais vallon :
Célébré par la Sainte-Estelle [2],
Immortel sera ton renom.

---

[1] L'aqueduc de Roquefavour, près d'Aix-en-Provence, relie deux hautes collines encaissant le vallon dans lequel coule le Lar, nommé dans la note de la pièce précédente. Cet aqueduc, formé de trois rangs de magnifiques arcades superposées, et haut de 82 mètres, amène les eaux de la Durance dans le terri-

toire de Marseille. Par sa hardiesse, son élégance et sa solidité, il rivalise avec le célèbre pont du Gard, œuvre des Romains. Il fut construit par l'ingénieur François Mayor de Montricher, de 1839 à 1846.

² *La Sainte-Estelle* est la grande fête annuelle du Félibrige ; les poètes provençaux la célèbrent en mai.

LE TURC DE LA FOIRE
LOU TURC DE LA FIÈRO
D'après M. Denis Cassan [1]
LEI PARPÈLO D'AGASSO

D'être trompé jamais on ne se fatigua :
Aussi, combien s'en font des ressources très-nettes !
  Témoin ce marchand de nougat,
 Que chacun vit tout brillant de paillettes
 Et le front ceint d'un énorme turban
Tous les gens, à l'envi, couraient à sa boutique,
 Et lui donnaient volontiers leur pratique :
  C'était le plus heureux marchand.
  « Soyons de loin, afin de plaire,
  Devait s'être dit le Turco ;
  Et, puisque le monde est si sot,
  Je ferai, pour sûr, mon affaire ! »
  Aussi, pour la foire de Mai,
  Nul autant que lui ne vendait.
  Voyez, voyez courir le monde !
  Oh ! chez lui l'acheteur abonde,

Comme les moutons dans la Crau.
Eh bien ! ce Turc... est natif de Pujault ².

---

¹ Outre son volume de poésies *Lei Parpèlo d'Agasso*, titre équivalent à celui de *Les Bagatelles*, mais qui, traduit littéralement, signifie *Les paupières de pies*, M. Denis Cassan vient d'en publier un second (1889) qu'il a intitulé : *Lèi Cassaneto* (Les Cassanettes), diminutif de son propre nom.

² *Pujault*, petit village près d'Avignon.

LA GROTTE DU LAIT
LA BAUMO DOU LA
NOEL
D'APRÈS FEU L'ABBÉ LAMBERT ¹

BETELÈN

De Bethléem en allant en Egypte,
    On voit une grotte, en tout temps
Du pèlerin recevant la visite :
    Blanche au dehors, blanche au dedans.
        La main pieuse
      Détache du rocher
      Une pierre neigeuse :
Son nom, le millésime, on les y fait graver ;
Et la bouche, en partant, se blanchit d'un baiser.

Dans l'horreur des bourreaux et du carnage,
    L'Enfant-Dieu n'avait pas tété ;
Marie, enfin, ayant repris courage,
    Elle le mit à son côté.
        De sa bouchette,
      Jésus, le doux Jésus
       Tête la Violette ;
Mais du précieux lait ses beaux seins n'en ont plus.
Car les sucs de la Fleur d'effroi se sont perdus.

— Tiens, Joseph, prends l'Enfant. — De grosses
                                          [larmes
    Mouillent son fils ; et son époux,
Comprenant bien d'où viennent ses alarmes,
    L'Enfant au bras, tombe à genoux.
        La Douloureuse
    S'éloigne et va chercher,
      D'une âme courageuse,
Une retraite sombre au sein d'un noir rocher,
Levant les yeux au ciel pour son nourrisson cher.

Bientôt de la Violette fleurie
    Les calices étaient si pleins,
Que sur le sol de la grotte bénie
    Se répandirent de ses seins
        Deux blanches gouttes.
      Au bout de peu d'instants,
      S'étendant jusqu'aux voûtes,

Ce liquide béni rendit les murs tout blancs.
C'est la *Grotte du Lait*, datant de deux mille ans.

---

[1] L'abbé Simon LAMBERT était né à Beaucaire (Gard), en 1815, et est mort en 1868, au village de Saint-Gervasy, près Nimes, dont il était curé.

L'abbé Lambert est auteur d'un remarquable et touchant poème en noëls provençaux, publié sous le titre de *Betelèn* (Bethléem) ; Avignon, Aubanel frères, libraires, in-8°, publication posthume, sans millésime.

LA BOUQUETIÈRE
LA ROUQUETIERO
D'APRÈS FEU L'ABBÉ AUBERT, CURÉ DE MALLEMORT [1]
ARMANA PROUVENÇAU DE 1869
FRAGMENT

Dans Arles, mon noble pays,
Je connais gentille fillette,
Ayant pure et fraîche bouchette,
Une bouchette au doux souris :
C'est la plus charmante fleurette
Des fleurs qui parent la Rouquette [2],
Dans Arles, mon noble pays.

Quand la vertu vous couvre, ainsi qu'une résille,
Vous êtes belle, ô jeune fille !

Elle n'a point de vanité ;
Elle ignore qu'elle est jolie ;
Elle est douce, bonne, accomplie ;
Et c'est en vain qu'un jour fêté
A se mieux parer la convie :
Marguerite ne s'en soucie,
Elle n'a point de vanité.

Quand la vertu vous couvre, ainsi qu'une résille,
    Vous êtes belle, ô jeune fille !

Les gens, en la voyant passer,
L'admirent à ne pas y croire ;
Dans un verre on la voudrait boire,
La voyant ses doux yeux baisser.
Sa démarche est pleine de grâce ;
Aussi : « Voilà l'ange qui passe »,
Dit-on, en la voyant passer.

Quand la vertu vous couvre, ainsi qu'une résille,
    Vous êtes belle, ô jeune fille !

C'est un ange de charité :
Par les pauvres elle est chérie ;
Des malades elle est bénie,
Quand elle vient, avec bonté,
Alléger, guérir leur souffrance
Et ranimer leur espérance ;
C'est un ange de charité.

Quand la vertu vous couvre, ainsi qu'une résille,
  Vous êtes belle, ô jeune fille !

   Dans le monde injuste et méchant,
   D'une défavorable note
   Souvent on marque la dévote.
   Pour Marguerite, cependant,
   Tout autrement elle est dépeinte :
   « Oh ! celle-là, c'est une sainte »,
   Dit le monde injuste et méchant.

Quand la vertu vous couvre, ainsi qu'une résille,
  Vous êtes belle, ô jeune fille !

   Fille de mon noble pays,
   Perle fine de la Rouquette,
   Ne fais point comme l'alouette,
   Redoute ce qui brille, et fuis
   Le monde et ses fanges mortelles
   Qui souilleraient tes blanches ailes,
   Fille de mon noble pays !

Quand la vertu vous couvre, ainsi qu'une résille,
  Vous êtes belle, ô jeune fille !

---

[1] Le chanoine AUBERT, fils d'un pêcheur d'Arles, et curé de Mallemort (Bouches-du-Rhône) est décédé dans cette paroisse en 1879, à un âge très-avancé. L'abbé Aubert, qui se montrait heureux du titre d'*Aumônier du Félibrige*, qu'il s'était donné,

a composé beaucoup de poésies provençales, dont bon nombre ont paru dans l'*Armana prouvençau*. M. l'abbé Terrier, son légataire, et son successeur à Mallemort, se propose de publier l'œuvre de l'abbé Aubert, sous ce titre que celui-ci a choisi : *Li passo-tèms d'un curat de vilagi* (Les passe-temps d'un curé de village).

² *La Rouquette*, quartier d'Arles, longeant le Rhône.

LE PAYS BIENHEUREUX
LOU PAIS BENUROUS

D'APRÈS FEU L'ABBÉ A. BAYLE [1]

ARMANA PROUVENÇAU DE 1877

— Bonne mère, souvent je vous ouïs parler
D'un pays où l'on voit ruisseaux de lait couler.
En ce pays, point de chagrin, et nul n'y pleure ;
Les gens y sont contents et chantent à toute heure.
Mère, dans ce pays si nous nous en allions !
On se fatigue ici ; là, nous nous poserions.
Peut-être ce pays est la terre embaumée
Qui mûrit le cédrat et l'orange dorée ?
Où l'abeille à la fleur prend son miel savoureux ?
— Enfant, ce n'est point là le pays bienheureux.

— S'il faut passer la mer, alors c'est la contrée
Que le beau soleil tient, l'hiver même, échauffée ;
Où l'on ne voit jamais nuage dans le ciel,
Point d'éclairs, de tonnerre, ou de pluie ou de gel ;

Terre où des grands palmiers les frondes verdoyantes
Balancent dans les airs les dattes succulentes ;
Où pendent raisin, figue aux arbres épineux,
Où des oiseaux du ciel, chatoyantes merveilles,
A l'or, à l'argent fin les ailes sont pareilles.
— Enfant, ce n'est point là le pays bienheureux.

— Ma mère, assurément, c'est l'Inde, au bout du
[monde,
Où, nous dit-on, le beau, si rare ailleurs, abonde ;
Où fleuves et ruisseaux, sur l'herbe de leur bord,
Vont des monts à la mer, en roulant des grains
[d'or ;
Où les coquilles ont des perles qui scintillent :
Le prix d'une suffit pour vivre sans travail ;
De marbre y sont les rocs ; les îles, de corail ;
Comme étoiles au ciel les diamants y brillent.
On s'enrichit là-bas ! allons-y tous les deux.
— Enfant, ce n'est point là le pays bienheureux

— Alors, dites-le moi, mère, où donc peut-il être ?
— Il est plus éloigné que l'astre, a Dieu pour maître ;
Ils sont tous couronnés et rois, ses habitants ;
Comme les anges, saints, et comme eux, éclatants,
Ils ignorent les pleurs, la peine et la misère ;
De la plus pure joie est inondé leur cœur,
Et, sans fin, comme Dieu durera leur bonheur.
Pour y monter, il faut descendre au cimetière,

Et la mort seule, de son bras mystérieux,
Nous met sur le chemin du pays bienheureux.

---

[1] L'abbé A. BAYLE, professeur d'éloquence sacrée à la Faculté de théologie d'Aix-en-Provence, fit, dans la neuvième année de son professorat en cette faculté, un cours sur la poésie des Troubadours, qu'il a fait imprimer, en 1876, sous le titre : *La Poésie provençale au Moyen Age* (Aix, librairie Makaire).

Après sa mort, qui eut lieu en 1877, la même librairie a publié un recueil du même auteur, intitulé: *Poésies choisies des Troubadours;* et M. J. Roumanille a fait paraître: *Pichoun Oufici de l'Inmaculado Coucepcien, adouba de la man de l'abat A. Bayle* (Avignon 1877).

L'abbé Bayle a composé aussi bon nombre de poésies provençales, parues presque toutes dans l'*Armana Prouvençau*. Il est enfin l'auteur de beaucoup d'ouvrages de théologie ou de piété, que nous ne pouvons citer dans ce livre uniquement consacré à la littérature provençale.

L'ALOUETTE

LA CALANDRO

D'APRÈS FEU LE FRERE THÉOBALD [1]

ARMANA PROUVENÇAU DE 1876

Les oiselets cachés parmi les verts buissons
N'ont pas encor du jour annoncé l'arrivée,
Alouette, et déjà, par là-haut, sur les monts,
Les bergers ont ouï ton aubade enjouée.

Ton chant donne l'éveil dans le temps des moissons ;
Puis, l'aube peint le ciel de sa teinte nacrée,
Et dit : Or, sus ! debout, femmes, filles, garçons !
Allez couper, lier la javelle dorée.

Quand Mireille égarée au désert de la Crau,
Cherchant la paix, courait bien loin de son hameau,
La saluant de tes caressantes complaintes,

Pour la calmer, tu lui parlais, chemin faisant,
De Dieu, de l'amour pur et du pauvre Vincent,
Et d'attendrissement devaient pleurer les Saintes [2].

---

[1] Le Frère Théobald (Frai Theobald), des Écoles chrétiennes, était né à Meine (Gard) en 1822, et est mort à Avignon en 1878. Ses poésies provençales, peu nombreuses, mais élégantes et simples, ont presque toutes paru dans l'*Armana prouvençau*.

[2] On sait que Mireille (voir le poème de ce nom) traversait les plaines de la Crau, allant aux Saintes-Maries de la Mer, en Camargue, pour y prier Marie Jacobé et Marie Salomé, parentes du Christ, dont on y garde les reliques, de rendre le Ciel propice à ses amours. En parcourant ce désert de la Crau, Mireille fut frappée d'insolation, et mourut en arrivant aux Saintes.

D'après une vénérable et très-ancienne tradition, fort accréditée dans le midi de la France, c'est en ce point des côtes de la Provence, qu'abordèrent, conduits par Dieu : les Saintes Maries, Sara leur servante, Marie-Magdeleine, Lazare le ressuscité, Maximin, Trophime et d'autres parents ou disciples de Jésus-Christ, chassés de Judée par la haine des Juifs, et abandonnés par eux sur les flots dans un bateau sans voiles et sans avirons.

LA JAMBE DE BOIS
LA CAMBO DE BOUES
CONTE
D'APRÈS M. LE CHANOINE EMERY [1]
JOURNAL « LOU BRUSC », DU 27 JUIN 1880

Un comédien, des fameux de Paris,
En septembre passait quinze jours au village,
Pour y voir son vieux père : et c'était son usage.
Depuis un an, ils ne s'étaient vus réunis.
Le brave retraité, dans le temps de l'Empire,
Avait tant écrasé de Prussiens, d'Anglais,
  De Russes et de Piémontais,
De son poignet de fer, qu'on ne saurait le dire.
Mais, il fut, à son tour, malheureux une fois :
Il perdit une jambe, un jour, à la bataille,
  Que lui coupa net la mitraille,
Et dut prendre à sa place une jambe de bois.
Or, comme il trouvait dur de laissser là les armes,
A défaut d'ennemis, depuis, le vieux troupier
  Guerroyait contre le gibier,
Et, pour se garantir des verbaux des gendarmes,
Il avait un permis. Voulant donc s'amuser,
  Son fils, durant cette quinzaine,
  Eut le désir d'un peu chasser,
Mais sans permis !... Ah bah ! valait-il bien la peine,
Pour tuer un gros-bec, ou deux ou trois culs-blancs;

D'aller dépenser vingt-cinq francs?
Pourtant, pour se garer d'une mauvaise affaire
Si le garde vient à passer,
Tout uniment dans son carnier
Il met le permis de son père,
Et le voilà parti. Je ne vous dirai pas
S'il fait bonne ou mauvaise chasse :
C'est étranger à notre cas.
Mais, au tournant d'un roc, ô fâcheuse disgrâce,
Voilà qu'en sortant d'un taillis,
Notre apprenti chasseur rencontre face à face
Un garde qui s'arrête et dit : « Votre permis?
Monsieur ! » — Il fut de prime abord surpris ;
Mais, se remettant vite, il ouvre sa sacoche,
Et tire du fond de la poche
Le papier qu'il déplie au garde forestier.
Celui-ci, comme font les gens de son métier,
Se met à comparer ce que dit l'écriture
Avec les traits de la figure.
Puis, gravement : « Monsieur, votre signalement
Est à peu près exact ; mais, seulement,
Ici je fais une remarque :
Signe particulier, votre pancarte marque
Une jambe de bois. Montrez-la moi ? » — « Je vais
Vous dire, mon ami, qu'à la chasse jamais
Je ne la porte ; car, pour franchir les rivières,
Grimper sur les rochers, traverser les bruyères,
Une jambe de bois saurait-elle servir?

Puis, après le gibier, pourrais-je donc courir
Avec elle? » — Cela fut dit d'un air bonasse,
Avec tant de sang froid, que le pauvre garçon :
« Tiens, je n'y songeais pas ! que je suis donc bécasse !
    S'exclama-t-il, mais vous avez raison.
    Adieu, Monsieur, et bonne chasse ! »
    Le garde, alors, reprend son pas,
Et le chasseur, en le voyant tourner l'échine,
    Se dit : Pour se tirer d'un mauvais cas,
    Il n'est rien tel que de payer de mine.

[1] M. le chanoine Emery, curé de la paroisse du Saint-Esprit, à Aix-en-Provence, a composé des sonnets et principalement des contes qui ont paru dans l'*Armana prouvençau*, le journal *Lou Brusc*, etc.

SAINT MARTIN ET LE MARÉCHAL
CHANSON DÉDIÉE AUX MARÉCHAUX-FERRANTS
LOU MANESCAU DE SANT MARTIN
CANSOUN DEDICADO I MANESCAU
D'APRÈS M. L'ABBÉ BRESSON [1]
LOU CACHO-FIÒ, ANNUARI PROUVENÇAU PÈR 1881

    Saint Martin, vaillant militaire,
    Fut un capitaine vanté

Un pauvre, nu, dans sa misère,
Lui demande la charité.
Martin n'a plus rien. Comment faire?
Coupant son manteau par moitié,
Il offre une part à son frère,
Et l'en couvre, ému de pitié.

Une autre fois, par aventure,
Le capitaine est en chemin;
Trois de ses fers perd sa monture :
Grand embarras pour saint Martin !
Et point d'argent dans l'escarcelle,
Le manteau trop court de moitié :
Que faire encor? sautant de selle,
Il va tranquillement à pied.

Arrivant au premier village,
Il va trouver un maréchal;
C'est un brave homme, un peu sur l'âge,
Bon chrétien, ennemi du mal.
Aussitôt, l'ouvrier s'avance;
D'un air avenant, familier,
Il caresse avec bienveillance,
Pour le ferrer, le blanc coursier.

Le Saint faisait piètre figure,
Dans son dénûment sans égal;
Mais le maréchal le rassure;
A neuf il ferre son cheval.

— « Comme vous, j'ai fait le service ;
Touchez-là, brave compagnon !
Je suis heureux, si mon office
Vous convient. » — « Grand merci, mon bon ! »

Quand il a fini le ferrage,
Mettant les vieux fers près du tas,
Il font un petit babillage,
Parlant de guerres, de combats.
Du jus empourpré de la treille,
Il verse un coup au voyageur,
Trinque avec lui, vide bouteille,
Disant : « Bénissez-le, Seigneur ! »

Après ce toast qui les enchante,
Le saint guerrier monte à cheval,
En serrant la main bienfaisante
Du charitable maréchal.
« Que Dieu soit votre récompense ! »
Lui dit-il ; puis, prompt comme un trait,
Galopant dans la plaine immense,
Le capitaine disparaît.

L'ouvrier, l'âme satisfaite,
Vient reprendre son dur labeur ;
Mais la bonne œuvre qu'il a faite,
Recevra son prix du Seigneur !
Des vieux fers, il n'est point de trace ;
Mais, — miracle de saint Martin —

Trois beaux fers d'or ont pris leur place,
Avec clous de diamant fin.

---

[1] M. l'abbé Bresson, curé de Blauvac (Vaucluse), a eu la pensée de publier un Annuaire provençal, spécialement destiné à être mis entre les mains des jeunes gens et des jeunes filles, soit dans leurs familles, soit dans les maisons d'éducation. C'est dire dans quel esprit sagement sévère a été formée la réunion des pièces contenues dans ce recueil, et fournies par les Félibres. Nous ajouterons qu'une gaîté honnête et de bon goût est loin d'être bannie de ce nouvel almanach. La publication de cet Annuaire a été surtout dirigée par M. l'abbé Bresson, par M. l'abbé Imbert et le frère Savinien. Il a paru, pour la première fois, en janvier 1881, et a pour titre : *Lou Cacho-Fiò* (La Bûche de Noël) ; Avignon, librairie Durand ; Paris, librairie Barnel.

LE MASSACRE DE LÉRINS
LOU CHAPLADIS DE LERIN
D'APRÈS M. L'ABBÉ E. IMBERT
JOURNAL « LOU BRUSC », DU 15 JUIN 1879
FRAGMENT

Vivant dans le saint monastère
De Lérins, sous l'abbé Porcaire,
Du grand saint Honorat les fils étaient nombreux.
Ruche d'abeilles travailleuses,
Essaim choisi d'âmes pieuses,
Chastes, timides et rêveuses,
Hélas ! sur eux va fondre un ouragan affreux !

Saint Porcaire a vu, dans un songe,
Le Maure en leur sang qui se plonge.
Vers l'Italie il fait fuir les jeunes garçons,
Et dit aux autres : — « La tempête,
Mes frères, en ces jours s'apprête
A s'abattre sur notre tête :
Partez aussi ! » — « Non, non, disent-ils, nous restons ! »

— « Si vous restez, je dois vous dire
Que c'est la palme du martyre.
Comptons, pour la cueillir, sur le secours divin.
Mes enfants, au Dieu qui la donne
Demandons-la. Qu'on environne.
L'autel d'où sa grâce rayonne
Dans le pain des élus et le céleste vin. » —

Inclinés vers la table sainte,
Leur âme pure en leurs yeux peinte,
Ils attendent, soumis, ceux qui vont mettre en deui
Ce cloître que tant ils aimèrent,
Ceux qui dans Marseille immolèrent
Quarante vierges qu'ils tuèrent
De leur sabre ! Et voilà qu'ils ont franchi le seuil !

« De l'or ! » hurle chaque sicaire. —
« Nous n'en avons point, dit Porcaire :
Nous travaillons pour vivre, et vivons pour prier. » —
Alors les malfaiteurs s'avancent,
Blasphèmment, sur les croix s'élancent,

Détruisent les autels, et dansent
Sur ces débris. Le sang commence à ruisseler.

On n'entend que le bruit des sabres
Qui frappent, frappent... Les cadavres
Dans des mares de sang s'entassent en tombant.
Et chaque martyr, chaque prêtre,
Redit, comme jadis son Maître :
Pardonnez-leur, mon Dieu ! peut-être
Que du mal qu'ils nous font leur cœur est ignorant !

D'abord, pour vaincre les novices,
Des brigands tombent les sévices
Sur les vieux. Mais, comme eux, les jeunes sont vail-
[lants.
A la Saint-Jean, quand les aigrettes
Des épis mûrs sont bien roussettes,
La faux venant trancher leurs têtes,
Les jette à terre... Ainsi, tombent les jeunes gens.

A quatre on a laissé la vie :
Ils sont beaux. La troupe abrutie,
Après qu'elle a pillé, brûlé ces saints moustiers,
Avec prudence les enchaîne,
Vers son navire les entraîne ;
Mais les jeunes gens, non sans peine
S'échappant, à Lérins retournent volontiers.

Là, pieux, ils ensevelissent
Dans leurs blancs habits que rougissent

Des flots de sang, leurs saints semblant prier encor,
> Leur disant : « Ames séraphiques,
> Au bruit des flots mélancoliques,
> Dormez en paix ; car, magnifiques,
D'autres jets pousseront, chargés de beaux fruits d'or ! »

> O Lérins, île bienheureuse,
> Terre féconde et planfureuse,
Quel sol porta jamais d'aussi nobles moissons !
> Et, comme aux vieux jours refleurissent
> Tes jardins ; de lis ils s'emplissent ;
> Et, dans tes buissons retentissent
Des oiseaux du bon Dieu les pieuses chansons !

---

[1] Cette belle pièce de M. l'abbé IMBERT, dont nous avons le regret, étant limité par la place, de n'avoir pu traduire que le plus important passage, a été couronnée aux jeux floraux de Cannes, en avril 1879. Elle a paru, la même année, dans le journal *Lou Brusc*, et a aussi été imprimée à part. Des poésies de M. l'abbé Imbert se trouvent dans l'*Armana Prouvençau*, le *Cacho-Fió* et autres publications méridionales.

IPSA CONTERET CAPUT TUUM
ELLE ÉCRASERA TA TÊTE

(Genèse, III, 15)

TRADUIT DU PROVENÇAL
D'APRÈS LE R. P. Dom GARNIER, BÉNÉDICTIN [1]
ARMANA PROUVENÇAU DE 1875

Ange orgueilleux, avec justice
Je t'ai chassé de mon palais !
Tu séduisis, par ta malice,
Eve pure et pleine d'attraits.

Voyant le fruit avec délice,
Elle le porte à son palais...
La pauvre ! elle a bu le calice
De la mort, prix de tes forfaits !

Quelle douleur accable l'âme
Par la faiblesse d'une femme !
Mais une autre s'élèvera

Qui, non moins belle, mais plus forte,
De la mort fermera la porte,
Et, laid Satan, t'écrasera.

---

[1] Le Père Dom Garnier est encore l'auteur d'un poème provençal, *Santo Escoulastico*, où il retrace la vie et les vertus de sainte Scholastique, sœur de saint Benoît, fondateur de

l'ordre des Bénédictins. — La *Calanco* de 1879 contient, de ce félibre, une légende en vers provençaux, intitulée : *Deliéuranço d'Helioun de Vilonovo, grand-mèstre deis Espitalié de Sant-Jan de Jerusalem* (Délivrance d'Hélion de Villeneuve, grand-maître des Hospitaliers de Saint-Jean de Jérusalem). — D'autres poésies du P. Garnier se trouvent dans l'*Armana prouvençau*.

LE PÊCHEUR DU RHONE
LOU PESCAIRE DOU ROSE

D'APRÈS LE FRÈRE SAVINIEN [1]

ARMANA PROUVENÇAU DE 1870

Les flots étaient d'argent, fleurie était l'herbette ;
Vers son nid, en chantant, revenait la fauvette...
Assis sur un rocher, je regardais au fond
Notre-Dame des Doms, quand le soleil y donne.
Oh ! que vous étiez beaux, rayons de la Madone,
  De la Madone d'Avignon !

Et le Rhône, en fuyant, baignait de ses eaux vives
Saules et peupliers frissonnants sur ses rives ;
Son mobile cristal balançait le bateau
D'un vieux pêcheur d'alose, ayant bonnet de laine,
Et sarrau cramoisi... Sa chanson, de la plaine,
  Montait ainsi vers le ciel beau :

  Chante, pêcheur, car l'harmonie,
  N'est pas à la mer seule unie,

Pas plus qu'à l'orgue du grand pin !
En chantant sur l'humide route,
Parfois se tait et nous écoute.
Le vent du soir ou du matin.

Poissons des étangs ou du Rhône,
C'est ta bonté qui nous les donne,
Grand Dieu ! tu donnes au pinson
Le nid où bien chaud il sommeille,
La mélisse à la blonde abeille,
Et le nectar au papillon.

Chantons donc, nous, princes de l'onde ;
Car, francs et libres dans ce monde,
Nous y sommes les plus heureux,
Ayant montagnes, Rhône et plaines,
Et voyant nos cabanes pleines
De beaux enfants forts et joyeux.

Puis, là bas, vers la mer, sa chanson s'est perdue ;
Puis toute la nature ayant sommeil, s'est tue ;
Et la cloche, au lointain, acheva l'Angelus ;
Et deux étoiles d'or firent briller leur tête,
Et le Ventour, comme une vierge, un jour de fête,
Voila son front de blancs tissus.

---

[1] LE FRÈRE SAVINIEN, des Ecoles chrétiennes d'Avignon, est, comme on pourra s'en rendre compte, nous l'espérons, par la modeste traduction ci-dessus, un poète provençal de mérite ; il

est de plus un instituteur distingué. Il a pensé avec raison que l'étude simultanée du français et du dialecte local, loin de nuire aux progrès des élèves dans la connaissance de la langue française, ne peut au contraire que les favoriser. Il a donc composé des *Recueils de versions provençales*, de forces différentes (librairie Aubanel frères, Avignon) formés de morceaux de prose et de vers, choisis avec goût, empruntés aux félibres et autres auteurs méridionaux. Le Frère Savinien fit traduire ces morceaux en français, par ses jeunes écoliers, et l'on fut étonné des progrès rapides que cet exercice si utile des traductions fit faire à ces jeunes gens, dans l'orthographe et dans la composition françaises.

On lira avec intérêt, sur cette question, une Conférence que M. Michel Bréal, de l'Institut, donna à la Sorbonne, lors de l'exposition universelle de 1878, aux instituteurs de France, réunis à Paris. Cette conférence, qui a été imprimée dans la *Revue politique et littéraire* (Paris, numéro du 5 octobre 1878), a pour titre: *De l'enseignement du français dans les écoles primaires*. On y verra que M. Bréal est partisan de l'étude de la langue française, dans les écoles de nos villages, par celle des *patois locaux*, opinion qu'il a d'ailleurs développée encore dans d'autres circonstances; et qu'ainsi, les idées du savant académicien justifient complètement celles du Frère Savinien sur ce mode d'enseignement.

L'annuaire *lou Cacho-Fiò*, de 1881, nous apprend que le Frère Savinien est encore l'auteur d'un poème provençal en préparation, qui aura pour titre *Liounèu* (Lionel), et dont le sujet se rapporte à l'époque des invasions des Sarrasins en Provence. Ce poème formera la quatrième et dernière partie du *Cours de Versions provençales* du Frère Savinien. On en peut lire, pages 59, 60, du *Cacho-Fiò* de 1881, un passage intitulé: *Lis A-Diéu-sias dou Mèstre à l'Escoulan* (Les Adieux du Maître à l'Ecolier).

LE PASSEREAU
LOU PASSEROUN
D'après D. J.-Xavier de FOURVIÈRE [1]
LOU « CACHO-FIÒ », ANNUARI PROUVÈNÇAU PÈR 1881

Au milieu des flambes fleuries [2]
Et des rosiers par la brise effeuillés,
Un pauvre passereau, mort, les pattes roidies,
Et les ailes de sang rougies,
Gisait, le bec ouvert, ses petits yeux voilés !

Dans sa douloureuse agonie,
Loin de son nid bien chaud, le plus doux des abris,
Aux pieds de Saint-Joseph, parmi les lis fleuris,
Mortellement blessé, plein de mélancolie,
Le pauvre était venu jeter ses derniers cris.

Les abeilles compatissantes
Autour de lui bourdonnaient doucement ;
Dans les plantations d'olives verdoyantes,
La brise un moment se taisant,
On entendait dans la campagne,
Parmi les alisiers, au flanc de la montagne,
D'autres petits oiseaux qui chantaient tristement.

Le prenant dans mes mains, l'âme émue, inquiète,
Aux pieds de Saint-Joseph je mis la pauvre bête,
En déplorant le sort de ce gentil pinson ;
Et, sur l'aile du vent soufflant dans la bruyère,
Vers le côteau, dans la clairière,

Et là-bas, au fond du vallon,
Je laissai monter ma prière
Vers saint Joseph, mon beau patron.

« Patron de toute âme innocente,
O chaste saint Joseph, mon vrai, mon seul ami,
De mon étoile vacillante
Quand s'éteindra l'éclat sous le souffle ennemi,
Quand voudra se fermer ma paupière mourante,
Et qu'ici-bas mon cœur sera las de gémir,
Comme cet oiselet, vers le soir de ma vie,
Que mon âme souffrante, épuisée et meurtrie
Puisse, à vos pieds, tranquille, s'endormir !

---

[1] Le félibre D. J.-Xavier de Fourvière, religieux, a composé quelques poésies provençales empreintes d'une tendre piété. Elles se trouvent, soit dans le *Cacho-Fiò* de 1881, soit dans les *Versions* provençales du Frère Savinien (deuxième partie).

[2] La fleur ici désignée est l'Iris flambe, ou Iris bleu, ou Iris germanique, en provençal *Iris blu* (*Iris germanica* Linné. Iridées).

CLÉMENT SIX (PIERRE ROUGIER)
CLEMENT SIÈIS (PÈIRE ROUGIÉ)

(LIMOUSIN)

D'APRÈS M. L'ABBÉ JOSEPH ROUX, DE TULLE [1]

ARMANA PROUVENÇAU DE 1875

Pierre Rougier [2], chose bien rare,
Aima toujours son Limousin.

Même Pontife souverain,
Il disait, ceint de la tiare :

« On pourra m'appeler bizarre,
Mais j'embellirai le destin
Et j'empêcherai le déclin
Des doux lieux où mon cœur s'égare ! »

Et, grâces à Pierre Rougier,
Notre pays, comme un rosier,
Porta fleurs et fruits à brassée.

Ma patrie ! à tes pieds alors
Tu vis honneurs, respects, trésors.
Mais, depuis, on t'a délaissée !

---

[1] M. l'abbé Joseph Roux, curé, natif de Tulle (Corrèze), écrit ses poésies dans le dialecte du Limousin, son pays natal. Elles se trouvent dans l'*Armana prouvençau*, la *Revue des Langues Romanes* et autres publications méridionales. M. l'abbé Roux a publié, à l'Imprimerie centrale, à Montpellier, un poème en dialecte limousin intitulé : *Sent Marsal à Tula* (Saint Martial à Tulle).

[2] Pierre Rougier ou Roger, natif du Limousin, après avoir été bénédictin, puis archevêque de Rouen, et enfin cardinal, fut élu pape en 1342, résida à Avignon, et mourut en 1352.

AU RÉDACTEUR DU « BRUSC »
A MOUSSU L'ADOUBAIRE DÓU BRUSC

En lui envoyant son poème :

LEI FLOUS DOU TERRAIRE SALERNEN

D'APRÈS M. L'ABBÉ MAGNAN

JOURNAL « LOU BRUSC » DU 7 SEPTEMBRE 1879

Là-bas, au fond de la vallée,
J'ai bien couru ! je n'en puis plus,
Je voulais cueillir pour *lou Brus,*
Un peu de mélisse embaumée.

Mais il est tant de mauvais cœurs !...
La brise de la matinée,
Semblant folâtrer, s'est hâtée
De refermer toutes mes fleurs.

Seule, elle voulait, l'orgueilleuse,
Baiser, de sa lèvre amoureuse,
Romarin, serpolet, jasmin.

Aussi, dans ma douleur amère,
Ai-je foulé, plein de colère,
Toutes les *Fleurs de mon Chemin.*

LA BONTÉ
LA BOUNTA
D'APRÈS M. VICTOR LIEUTAUD[1]

ARMANA PROUVENÇAU DE 1878

Je vois une, et puis une belle,
Puis une encor venir de mon côté :

— Que me veux-tu, gente pucelle ?
Et vous, ses sœurs, dont je suis enchanté ? —

La première : — A mes sœurs préfère-moi, dit-elle,
Car c'est moi qui suis la Beauté.

— Non, non, je te connais, beauté fière et cruelle ;
J'aime bien mieux ma liberté. —

— Et moi, tu m'aimeras, pour sûr, plus que la belle,
Car je suis la Science, et j'en fais vanité. —

— O science orgueilleuse, incertaine et rebelle,
Va-t-en ! je veux encor garder ma liberté. —

Et la troisième enfin me dit : — Je suis fidèle,
Et tu devrais m'aimer, car je suis la Bonté. —

Et je lui dis : — C'est toi, toi que mon cœur appelle ;
Je remets en tes mains toute ma liberté.

---

[1] M. Victor LIEUTAUD a écrit des poésies provençales qui ont été insérées dans l'*Armana prouvençau* et dans la *Revue des*

Langues Romanes. Il est l'auteur de discours ou d'allocutions, ainsi que de la préface, en prose provençale, du volume intitulé : *Lou Libre de la Crous de Prouvènço* (Le Livre de la Croix de Provence). Parmi les poésies de ce félibre, on doit mentionner ses traductions, en vers provençaux, d'un certain nombre d'odes d'Horace et de poésies de Catulle.

M. Victor Lieutaud a occupé l'emploi de conservateur de la bibliothèque de Marseille, place qu'il avait obtenue au concours.

AU BORD DE LA MER
AU BORD DE MAR
D'APRÈS M. JOSEPH-HENRI HUOT [1]

ARMANA PROUVENÇAU DE 1879

La mer était superbe et ses vagues profondes
Avaient des tons d'azur et des reflets marbrés ;
Du grand soleil couchant les vives clartés blondes
Faisaient étinceler, sur la crête des ondes,
Des lueurs d'émeraude et des reflets ambrés.

Les barques des pêcheurs s'acheminaient pressées,
Pour regagner le port sous le souffle du vent ;
Leurs voiles ressemblaient, en triangles taillées,
Aux ailes des goëlands, blanches et déployées,
Quand on les voit, le soir, vers la Crau s'enfuyant.

Le soleil se couchait derrière les nuages
Couleur de pourpre et d'or, tel qu'un bel-indolent

Qui s'endort, le cœur plein d'amoureuses images,
Ou mieux tel qu'un géant aux allures sauvages,
Qui, blessé sur son lit, l'empourpre de son sang.

Ravis, nous admirions tous deux cette merveille,
Entrelaçant nos doigts, sentant battre nos cœurs.
Assis sur un rocher nous oubliions Marseille !
Puis, effleurant ma joue, et bas à mon oreille
Tu murmuras : « Je t'aime! » A ces mots enchanteurs,

Devant mes yeux voilés les cieux purent se fondre,
Le soleil s'éclipser, les nuages s'enfuir,
La mer, devenir sombre et muette, et confondre
Ensemble ces splendeurs. Rien ne pouvait répondre
A l'éclair qu'en mon cœur ta lèvre fit jaillir !

---

[1] Les poésies provençales de M. J.-H. Huot ont été publiées dans l'*Armana*, la *Calanco* et autres recueils du Midi. Comme écrit en prose provençale, on doit à ce félibre le rapport sur les Jeux floraux de Cannes, tenus en 1879. à l'occasion des fêtes du centenaire de lord Brougham. M. Huot a aussi composé la musique de diverses chansons provençales, notamment de celle intitulée *Li Marinié*, paroles de Louis Astruc.

LES PLAINTES D'UNE ROSE
LI PLAGNUN D'UNO ROSO
D'après M. Elzéar JOUVEAU
JOURNAL « LOU BRUSC », DU 13 JUIN 1880

Du milieu d'un rosier, un beau matin de mai,
Une voix, voix de fleur, bien bas se fit entendre ;
Et la rose exprimait ainsi sa plainte tendre,
Mais si triste, qu'on aurait cru qu'elle pleurait :

— « Si, comme à l'oiselet, Dieu m'eût donné des ailes !
Oh ! je m'envolerais, là-haut, vers le soleil,
Vers cet astre éclatant, ce foyer sans pareil,
Qui dépouille les fleurs de leurs robes nouvelles.

Oui, là-haut, me perdant parmi les cieux profonds,
Où l'étoile en essaims immenses étincelle,
Pour resplendir aussi, j'eus dit à la plus belle :
Tiens, prends tout mon parfum pour un de tes rayons !

Mais Dieu n'a pas voulu que moi, la rose belle,
Je pusse me parer d'un rayon flamboyant !
Enchaînée ici-bas, je meurs en enviant
A l'astre sa splendeur, comme à l'oiseau son aile…

Ces jours-ci, je n'étais encore qu'un bouton,
Et, dans mon corset vert, pauvre fleur prisonnière,
J'attendais du soleil la couleur, la lumière :
Le soleil vint ouvrir ma petite prison.

Mais que m'importe, dès que la terre me garde,
Qu'on dise que la rose est la reine des fleurs !
Que le poète m'aime et chante mes couleurs,
Si, piétinant le sol, c'est le ciel qu'il regarde !

L'étoile la plus humble éclipse ma beauté !
Sous tes baisers, soleil, je suis épanouie ;
Mais, ne vivant qu'un jour, quittant ma courte vie,
Je te rends le rayon qu'hier tu m'as prêté !

A CAMOËNS
A CAMOENS
D'après M. Elzéar JOUVEAU

journal « lou brusc » du 27 juin 1880

O jouet de l'amour, du génie et du sort,
O divin Camoëns, noble et fière victime,
Ton pays envers toi veut réparer son tort
En une apothéose immortelle et sublime !

Ta Muse du Parnasse avait conquis la cime,
Et, pauvre, dédaigné, mais comme meurt le fort,
Tu mourus rayonnant, plein d'une joie intime,
Car tu cherchais la vie en courant vers la mort.

Toi, chantre des hauts faits de ta Lusitanie,
Pour les Indes partant de la Mauritanie,
Tu suivis les vaisseaux de Vasco de Gama.

A ta patrie, ardent, tu consacras ta vie,
Et, poète et soldat, tu l'as deux fois servie :
Pour elle tu chantas et ta valeur s'arma.

---

¹ M. Elzéar Jouveau, modeste facteur de Poste, est non-seulement auteur de nombreuses poésies provençales, insérées dans l'*Armana*, *Lou Brusc* et autres recueils, mais il compose encore des poésies françaises paraissant dans le *Feu Follet*, *L'Ecole et la Famille*, la *Revue Française*, etc. (Voir le *Brusc* du 2 janvier, et celui du 20 février 1881.)

² Le journal provençal *Lou Brusc* (La Ruche), paraissant à Aix-en-Provence, a été fondé par M. Guitton Tallemel, qui en est le directeur et le principal rédacteur. Ce félibre est l'auteur de contes provençaux, en prose, parmi lesquels nous citerons : *Lou rire de la Princesso* (Le rire de la Princesse), *La Batèsto dei Sant* (La Dispute des Saints), *Pèire de Prouvençe e la bello Magalouno* (Pierre de Provence et la belle Maguelone), etc. M. Guitton annonce encore la publication nouvelle de *Lou Reinart prouvençau* (Le Renard provençal), roman en douze chants, tiré des écrits du moyen âge. Ce félibre signe généralement ses œuvres du pseudonyme : *le félibre d'Entre-mont* c'est sous ce nom qu'il a publié sa traduction en prose provençale d'un des livres de l'Écriture Sainte, Le Livre de Tobie (*Lou Libre de Toubio*), Aix, librairie Sardat fils, 1880.

LA COUR D'AMOUR DES BAUX
LA COURT D'AMOUR DI BAUS
D'APRÈS M. BÉNÉZET BRUNEAU [1]
« LA CIGALE A ARLES » PAR APARICIO

Je me crois au vieux temps. Fier, portant sa guitare,
Le soir, un troubadour arrive au grand château ;
Il est joyeux de voir l'accueil qu'on lui prépare,
Et les dames lui font leur salut le plus beau.

Puis, les regards, l'amour de quelque beauté rare
Enflamme sa tenson, son sirvente nouveau.
Manoir ruiné des Baux, que ton enceinte avare
Nous rende tes barons dormant dans leur tombeau !

Il me semble les voir là-haut, tes nobles Dames !
Pour leur poète aimé sont affables leur âmes :
Il sait si galamment chanter et deviser !

Et quand, dans les tournois, il obtient la victoire,
Quelle joie à son cœur ! quel orgueil ! quelle gloire !
Car la reine, pour prix, lui décerne un baiser !

---

[1] Les poésies provençales de M. BRUNEAU se trouvent dans l'*Armana prouvençau, Lou Brusc*, etc.

LA VIOLETTE ET LA PENSÉE
LA VIOULETO E LA PENSADO

D'après M. Fortunat Martelly[1]

Journal « Le Gay Saber », du 25 décembre 1853

La Violette et la Pensée
    Sont sœurs :
De vous deux quelle est donc l'aînée,
    O fleurs ?

Ma Pensée, humble Violette,
    Le jour,
Aime tant à rêver seulette
    D'amour !

---

[1] On trouve les poésies de M. Martelly, qui est un des vétérans du félibrige, dans l'*Armana prouvençau*, le *Gay Saber*, le *Roumavagi deis Troubaires*, etc., c'est-à-dire dans les publications provençales les plus anciennes.

SONNET
SOUNET

D'APRÈS M. FRÉDÉRIC ESTRE, DE MARSEILLE [1]
« LOU CACHO-FIÒ », ANNUARI PÈR 1881

Toujours glissent les ans et s'use notre vie.
Ainsi qu'un bois touffu que dépouille le vent,
Nous sommes effeuillés par l'âge incessamment,
Puis, fauchés comme épis par la Mort ennemie.

La fleur qui, le matin, belle est épanouie,
A l'heure du couchant se penche tristement.
Le joyeux papillon ne vole qu'un moment.
Et, du ruisseau qui coule à travers la prairie,

Va se perdre à la mer le flot pur, argentin.
L'éclair trouant la nue en lançant son tonnerre,
Disparaît aussitôt dans l'espace sans fin.

Tout passe donc, hélas ! et meurt sur notre terre :
Mais vous, Dieu créateur, dont le trône est au ciel,
Vous règnerez toujours, étant seul éternel.

Remilly (Alsace-Lorraine).

---

[1] Par la localité où a été écrit le sonnet dont nous donnons la traduction, et que nous avons indiquée à dessein, on voit que les Félibres, même éloignés du sol natal, et en quelque lieu

qu'ils soient, conservent toujours, quoiqu'on ait pu dire contre eux, non-seulement le culte de la langue maternelle, c'est-à-dire le souvenir de la petite patrie, mais encore l'amour de la France, leur grande patrie.

LE TROUBADOUR
LOU TROUBAIRE
D'APRÈS M. J. MAYER

JOURNAL « DOMINIQUE », DU 24 SEPTEMBRE 1876

L'aube dans le ciel bleu, belle, fraîche et dorée,
  Étale ses couleurs,
Et le papillon boit les gouttes de rosée
  Au calice des fleurs.

L'oiseau chante. Alors, moi sur l'herbe reverdie
  Je vais m'asseoir aux champs,
Cherchant dans quelque livre une histoire fleurie
  Autant que le printemps.

Je t'aime, heureux félibre, en ton langage tendre
  Etincelant d'amour.
Dans ta joie ou tes pleurs, j'ai plaisir de t'entendre,
  O galant troubadour !

Je te plains, quand l'absence à tes tristes yeux voile
  Ton amoureuse en pleurs,
Et que, vous désirant, dans une même etoile
  Vous mirez vos deux cœurs.

Avant toi, les châteaux, assis sur les montagnes,
    Du sommet de leurs tours
Paraissaient envoyer aux timides campagnes
    Des regards de vautour.

Les dames ne passaient, derrière les murailles,
    Que des jours ennuyés.
Et les barons livraient sans cesse des batailles
    Dans les bois effrayés.

Mais ta voix, dans ce doux pays que le Ciel aime,
    Fait régner la beauté !
Parmi les fleurs qu'aux bords du Rhône le vent sème
    Le félibre a chanté !

Il a chanté ! son luth tient les âmes captives,
    Et ses accents vainqueurs,
Comme fait la rosée à l'herbe de nos rives,
    Rafraîchissent les cœurs !

Dans la verte saison, tout s'unit, tout s'apprête
    A jouir des beaux jours ;
Dans la paix, les seigneurs et les dames font fête
    Aux chants des Troubadours !

Ces temps sont déjà loin ; et pourtant, hommes rares,
    On vous relit toujours,
Vous qui fîtes briller en ces siècles barbares
    La flamme des amours !

Et moi, quand le beau temps, le matin, me convie,
    Au bois par toi chanté,
Troubadour, ta chanson rend mon âme ravie
    Et mon cœur enchanté !

LES FÉLIBRES

LI FELIBRE

D'après M. F. BOILLAT

JOURNAL « DOMINIQUE », DU 4 FÉVRIER 1877

Regardez, s'il vous plaît, cette heureuse assemblée,
De félibres joyeux poétique tablée !
La politique, ici, n'est jamais de saison ;
De n'en pas souffler mot, ah ! qu'ils ont bien raison !
C'est si bon d'être unis dans la même pensée !
Par la main d'un ami de voir sa main pressée !...
Ils ne s'informent point s'ils sont rouges, bleus, blancs ;
S'ils sont ou cléricaux, ou juifs, ou protestants :
Ainsi qu'oiseaux chantant d'accord sous la charmille,
Ils sont un même cœur, une même famille.
L'envie est à jamais proscrite de leur camp,
Et le mérite seul y tient le premier rang.
Ils sont heureux et fiers, nos modernes trouvères,
D'aimer, de cultiver la langue de leurs mères,

Et se moquent des sots qui trouvent qu'il est mal,
Etant nés provençaux, de parler provençal.
Pour enseigne, ils n'ont point un laid morceau de toile :
Leur bannière est le ciel où brille leur Etoile.
Sans cesse ils chanteront, comme ils font en ce jour,
Le bon Dieu, les oiseaux, la nature et l'amour.

LE DIEU COQUIN
LOU DIÉU COUQUIN

D'APRÈS M. GEORGES SAINT-RENÉ-TAILLANDIER, FILS [1]

ARMANA PROUVENÇAU DE 1875

Pâle et maladif, le soleil d'hiver
N'a que trop langui sous la neige froide ;
De son blanc linceul qu'il déchire, roide,
Il fait rayonner son front découvert.

Sous les chauds baisers de son ami tendre,
La terre tressaille, ivre de bonheur :
De son sein fécond que l'on voit se fendre,
La sève déborde et produit la fleur.

Or, le dieu d'Amour, sur un lit de mousse
Sommeille, l'hiver, sous les sombres cieux ;
Quand vient la chaleur, il rouvre les yeux
Et sourit sous sa chevelure rousse.

Au chant de l'oiseau lançant son refrain,
Au bourdonnement de la blonde abeille,
Au soleil de mai, l'Amour se réveille.
Gare ! il prend son arc, ce Dieu si coquin !

---

[1] L'auteur de la pièce dont nous donnons ci-dessus la traduction, est le fils de Saint-René-Taillandier, membre de l'Académie française, et professeur de littérature à la Sorbonne, à Paris, mort en 1879.

Cet académicien, qui se montra toujours plein d'estime et de sympathie pour le Félibrige, a écrit la remarquable *Introduction* du recueil de poésies, *Li Prouvençalo*; Avignon 1852.

On peut lire aussi de lui, dans la *Revue des Deux-Mondes*, les articles ci-après sur la littérature provençale, tous d'une certaine étendue, et remplis d'intérêt :

La nouvelle Poésie provençale, 15 octobre 1859 ;

Les Félibres catalans et les Félibres provençaux à Saint-Remy de Provence, 15 novembre 1868 ;

Les Destinées de la nouvelle Poésie provençale, 1er décembre 1875.

L'OLIVIER
L'OULIVIÉ
D'APRÈS M. ANDRÉ AUTHEMAN [1]
ARMANA PROUVÈNÇAU DE 1870

1

Amis, chantons l'olivier,
Et l'huile que son fruit donne.

Avec l'ail, mais sans l'huilier,
Point d'aïoli pour personne.

Qui produit, ô ville d'Aix,
L'argent dont ta caisse abonde ?
La bonne huile que tu fais,
En renom dans tout le monde.

Aussi, viens-tu convier
Du Midi tous les trouvères
A célébrer l'olivier,
Cet arbre d'or de tes terres.

Répondant à ton appel,
Et de concerts point avares,
Cent instruments vers le ciel
Lancent leurs vives fanfares.

Le plus humble tambourin
Croit remporter la médaille ;
On en verra plus de vingt
Vaincus dans cette bataille.

Mais on peut, sans déshonneur,
Succomber dans cette lutte :
On aura, dans son malheur,
Bien des compagnons de chute.

Puis donc qu'il nous faut chanter
Une musique nouvelle,

Allons-y !... Je vais tenter
De tourner la manivelle.

II

O bel arbre, en tous les temps,
Ta verdure sait nous plaire ;
Et ta robe de printemps,
L'hiver ne la peut défaire.

Du soleil quand la chaleur,
A midi, l'été, fait rage,
J'aime à m'endormir rêveur
A l'ombre de ton feuillage.

Alors, je vois revenir
Les temps de ma douce enfance,
Et le riant souvenir
Des jours de l'adolescence.

Je revois le coquetier,
Qu'au tour façonna mon père,
Je revois le grand mortier
Et l'antique poivrière.

Je vois le couvert mesquin
Que j'avais, pensionnaire,
Et le beau vilebrequin
Qu'on m'apporta de Beaucaire:

Je vois l'arbre de Noël
Où ma mère, la pauvrette,
Avec des nœuds bleu de ciel
Suspendait bonbons, gimblette.

Quand il fallait me purger,
Je vois — douleur du jeune âge ! —
Cette pointe d'olivier
Qu'on mettait dans mon breuvage.

Pour tous ces objets, depuis,
— Sont-ce bien des avantages ? —
L'olivier fait place au buis :
Autres temps, autres usages.

III

Olivier, lorsque l'hiver
Et la bise, chaque année,
Soufflent le froid, ton feu clair
Brille dans la cheminée.

Aux gémissements du vent,
Il rend sourdes nos oreilles,
Et nous prolongeons souvent,
Grâce à ta chaleur, nos veilles.

Vive l'homme qui songea
A bien huiler la salade,
Et qui le premier mangea
Artichauts à la poivrade.

L'huile, ne dites pas non,
Est une belle trouvaille :
Dans la poële sa chanson
Fait frire la victuaille ;

Elle fait tourner le gond
De la porte, et la serrure ;
Elle empêche le timon
De grincer sous la voiture.

On sait que les vieux lutteurs,
Pour rendre leur corps agile,
Et défier leurs joûteurs,
Se frottaient les membres d'huile.

— La liqueur de l'olivier
Va bien dans toutes les sauces : —
A dit un grand cuisinier
Dont paroles ne sont fausses.

L'huile, au temps de nos aïeux,
Dans quinquet, lampe, viole,
Brûlait seule : leurs neveux
S'éclairent par le pétrole.

Bel olivier, c'est égal :
De la bonne huile, ô bon père,
L'aïoli, ce grand régal,
Sans toi qu'ils viennent le faire !

[1] M. André Autheman a publié à part un petit poème humoristique : *Lis Auvàri de Roustan* (Les Infortunes de Rostan), plein de la plus franche gaîté.

LES VIEUX CHEMINS
LEI VIEILS CAMINS
D'après M. Casimir Dauphin [1]
LEI BASTIDANOS
FRAGMENT

Les vieux chemins pleins de pierrailles,
Nos anciens, les pieds déchaussés,
Les avaient par le chaud et par le froid tracés,
Sans niveaux comme sans murailles.

O générations, qui dûtes, en chemin,
Peiner pour joindre deux contrées,
Que de désespérés, au bout de leurs journées,
Se sont couchés et n'ont pas revu le matin !

Qui dira tout le sang qu'ont laissé sur leur trace
Leurs pieds endoloris ?
Qui sait combien sont morts sur place,
Par la faim, par leur pioche ou les armes meurtris ?

O vieux chemins, pleins de pierrailles,
Le temps qui bouleverse tout,
Vous ronge jusqu'en vos entrailles;
Et vous défonce de partout.

Jadis, en votre libre allure,
Vous alliez par bois et par plans,
Par les coteaux jusqu'aux sommets géants,
Puis dans les vallons verdoyants
Et descendants
Jusqu'à l'eau pure.

Puis, vous couriez sous l'ombrage des pins,
Des grands pins verts où le vent chante.
La lavande, la mousse avec les gazons fins
Formaient la lisière odorante
Offrant aux voyageurs de frais et doux coussins.

Quel beau cadre faisaient vos genêts, vos broussailles,
Aux rudes campagnards s'en revenant, le soir,
Avec l'âne chargé d'enfants, d'herbes, de pailles :
Pour l'artiste tableau si poétique à voir !

Quand j'escalade un vieux chemin
En flânant, je me crois vraiment né de la veille :
Tous les tournants m'offrent une merveille ;
Je suis fort, je suis gai, je n'ai plus de chagrin.

Je n'ai pas de château rempli de valetaille,
Je n'ai pas une souche, pas un pin,
Je n'ai pas même un pouce de muraille :
Eh bien ! je suis roi dans un vieux chemin.

Les vieux chemins sont mon royaume,
Car j'y commande ainsi que faisaient les seigneurs ;

Et mes courtisans sont les fleurs
Qui me jettent au nez leur baume.

Quand, sur mes vieux chemins m'étant bien promené,
Le soleil les délaisse et la nuit les attaque,
Je m'en vais en pensée au chemin de Saint-Jacque *,
Vieux chemin de l'espace, et d'astres tout orné.

Oui, de nous tous ils ont fait la conquête,
Les vieux chemins. Heureux ou malheureux, l'amant
Les choisit en se promenant,
Car l'amoureux est un poète.

O le beau temps des amoureux !
On suit le chemin qui serpente,
Et qu'importe à ces bienheureux
Ou la montée ou la descente ?

Les enfants joueurs, babillards,
Y vont souvent quand Mai se pare ;
Les vieux chemins où la foule est plus rare,
Sont préférés aussi par les vieillards.

Leurs touffes donnent à l'abeille
Les matériaux pour son miel,
Dans leurs bosquets le chant perpétuel
Des oiseaux charme notre oreille.

* La voie lactée.

Vieux chemin, que de fois, écolier étourdi,
    Je suis allé jouer dans ta rigole !
Que de fois tu m'as fait aussi manquer l'école,
    Tant c'était peu qu'un tout petit jeudi !

Plus tard on y mena sa sœur et sa cousine.
Pourrions-nous t'oublier, sentier tout embaumé,
      Sentier où nous avons aimé
        De notre âme vierge et divine !

    En souvenir, nous revoyons souvent
        Au bord des chemins nos grands-pères,
        Réchauffer, courbés et tremblants,
        Leurs têtes blanches et sévères !

    Les vieux chemins ! mais c'est tout le passé,
        Enfance et gloire du vieux monde !
Vieil esprit, fais comme eux : rentre en la nuit pro-
                                      [fonde,
        Car l'esprit nouveau s'est dressé.

      Le passé portait la besace,
      Cheminant comme un pèlerin ;
      Mais, moi, j'entends mener grand train,
      Et veux que tout marche de face !

      Mon équipage est attelé ;
      Mes chevaux au ventre ont des flammes ;
      Emporte-nous, Pégase ailé,
      Par peuplades de cent mille âmes !

J'ai fini, vieux sentiers, vieux pins !
Vive la grande route ! vive
Le grand courrier du monde et des destins !
Vive donc la locomotive !
Mais, pour le cœur, vivent les vieux chemins !

---

[1] M. Casimir Dauphin, directeur des Ecoles du Gouvernement, à Alexandrie, en Egypte, fonctions qui équivalent à celles de ministre de l'Instruction publique, avait publié, avant de quitter la Provence, sa patrie, une série de petits poèmes, tous d'une certaine étendue, et qu'il a réunis en un volume in-8°, sous le titre général : *Lei Bastidanos* (Les Villageoises). Les poésies provençales de M. Casimir Dauphin se distinguent par l'émotion, le sentiment et la richesse des descriptions de la nature. Le seul regret à exprimer touchant ces poésies, c'est que l'auteur ne les ait pas écrites avec l'orthographe des Félibres.

UN BOUQUET AUX DAMES
D'UNE RÉUNION
UN BOUQUET I DAMO D'UN ACAMP
D'après M. Charles DESCOSSE [1]
« JOURNAL DE FORCALQUIER »

Bien qu'il soit loin, le mois de mai;
Le froid non plus que la gelée
N'osent de ma serre embaumée
Envahir le séjour si gai.

Mais aussi, c'est une merveille
Que mon gentil petit jardin,
Et sa serre m'a, ce matin,
Rempli de fleurs cette corbeille.

Admirez ces bouquets charmants !
Leurs fleurs sont de toute famille,
Et lorsque la rosée y brille
Comme perles ou diamants,

Du soleil venant nous sourire
Les premiers rayons tout dorés
Sont moins richement colorés
Que ces pleurs où l'astre se mire.

Eh bien ! ces fleurs sont le portrait...
Mesdames, je n'ose le dire !...
Et mon cœur seul, en son délire,
Peut-être bien vous le dirait.

Ne pouvant mieux, de mes fleurettes
J'ai composé quelques bouquets ;
Je vous les offre, acceptez-les
De mes mains, ces fraîches gerbettes.

Car ce sont elles vos portraits,
Dames aimables, demoiselles
A la fois bonnes et si belles ;
Et pour vous mon cœur les a faits !

[1] M. Charles Descosse, est le *capiscol* (président) de l'*Escolo dis Aup* (l'Ecole des Félibres des Alpes), dont le siége est à Forcalquier. La plupart des poésies provençales de ce félibre ont paru dans le journal de cette ville, ou dans l'*Armana*; quelques unes ont été imprimées à part. M. Ch. Descosse a aussi traduit en vers provençaux les *Fables de Florian*, œuvre encore inédite.

NOS FILLES
NOUESTEI FIHO
D'après M. Pierre MAZIÈRE [1]

JOURNAL « LOU TRON DE L'ÈR »

DU 13 OCTOBRE 1877

J'ai vu cheminer la fillette
Sur son ânesse doucement,
Et de sa bête la sonnette
Dans le sentier tintait gaîment.

La face rondelette et bonne,
Brune et rose de cette enfant,
Lui donnait un air de madone,
Air que les peintres aiment tant.

Elle avait pris un brin de saule
Pour éventail, dans le vallon...
Si j'étais peintre, ah! belle idole,
Je te peindrais pour mon salon.

Je te peindrais, jupe écourtée,
Petit tablier par devant,
Ta jambe bien faite, élancée,
Dans le vide se balançant.

Tes pieds mignons, ton frais visage,
Tes yeux noirs que j'animerais,
Tes longs cheveux, ton fin corsage,
Tous ces attraits, je les peindrais !

Mais, pour les peindre, aimable fille,
Je ne suis Bellot, ni Mistral ;
Par aucun talent je ne brille,
Et je m'en tirerais fort mal.

Je dirai donc à tes rivales
Se parant avec fausseté,
Que j'aime mieux les Provençales,
Belles de leur seule beauté.

Quoique simples, on les remarque ;
Il charme, leur minois fripon :
C'est Laure que chanta Pétrarque,
Ce sont les filles de Toulon.

Ce sont nos vives Phocéennes,
Nos braves femmes de Saint-Jean,
Et surtout nos Arlésiennes...
C'est la Provence rayonnant !

[1] M. Pierre Mazière fonda à Marseille, en 1877, le journal provençal *Lou Tron de l'Èr*.

RÊVE D'AMOUR
PANTAI D'AMOUR
D'après M. Baptiste BONNET [1]
Journal « Lou Brusc », du 4 mai 1879

Si j'étais l'oiseau qui passe
D'un vol léger dans l'espace
Sous nos cieux riants et doux,
L'aile aussitôt déployée,
D'un seul trait, d'une volée,
Je m'envolerais vers vous.

Si j'étais la brise molle
Qui des coteaux descend folle,
Ah ! vous me verriez oser,
Sur votre joue arrondie
Et votre bouche fleurie,
Vous dérober un baiser.

Mais, je ne suis pas la brise,
Ni l'oiseau qui l'onde frise ;
Pour venir à votre entour,
Je n'ai rien que ma pensée :

Prenez-la, mon adorée,
Et croyez à mon amour !

---

[1] Les poésies provençales du félibre Baptiste BONNET ont paru dans *La Farandole*, de Paris, et dans le journal *Lou Brusc*.

RITOURNELLE
RETOURNELLO
D'après M. Auguste BONFILHON [1]
ALMANACH DU SONNET DE 1877

Galant rossignolet,
Oh ! que ton doux ramage
Sous le nouveau feuillage
Tient mon cœur guilleret !

Puisque le Ventouret
Caresse ton plumage,
Chante dans le bocage,
O royal oiselet !

Que ton beau répertoire
Fasse longtemps ta gloire,
Dans la fraîche saison ;

> Que ta voix nous égrène,
> Sous le hêtre et le chêne,
> En perles ta chanson !

---

1 M. Auguste Bonfilhon, cultivateur, et maire, depuis vingt-cinq ans, de la commune de Saint-Marc-Jaume-Garde, près d'Aix-en-Provence, est non-seulement poète provençal, mais, comme son ami François Vidal, il est aussi l'un des tambourinaires renommés de la Provence. M. Bonfilhon aime à s'appeler lui-même *Lou Felibre de la Queirié*, du nom d'une ancienne tour du moyen âge, qui se trouve sur le territoire de la commune de Saint-Marc.

LE SAUCISSON D'ARLES
LOU SAUSSISSOT D'ARLE
D'APRÈS M. ARTOU
ARMANA PROUVENÇAU DE 1878

Vive notre Midi, pour manger fin et bon !
Vivent l'ail savoureux, la bourride épicée :
Ce sont plats de gourmets pour la bouche exercée.
Mais, quant au saucisson... Arle, à toi le pompon !

Dans sa robe d'argent, voyez-le, long et rond !
Il réjouit les yeux par sa forme élancée,
Le goût et l'odorat par sa chair parfumée ;
Ses pleurs, sous le couteau, causent l'émotion.

Noble enfant de Provence, ornement de la table,
Crois d'un de tes dévots le dire véritable :
De chanter tes vertus on ne se lasserait.

Arles, si tu n'avais, pour assurer ta gloire,
Tes beautés hors de pair et ton antique histoire,
De ton saucisson seul le renom suffirait.

LES FOUCADES
LEI FOUCADO [1]
CONTE
D'APRÈS M. Charles PONCY
ARMANA PROUVENÇAU DE 1878

I

Le patron Sémian est un vieux batelier
Qui fréquente la mer depuis son plus jeune âge :
Il a pour fils Louis, excellent ouvrier,
Qui fait commodes, lits, armoires de ménage,
Tables, berceaux d'enfants, et, depuis le matin,
Travaille jusqu'au soir, sa varlope à la main.

Gagnant par leur labeur très-largement leur vie,
Ce digne homme et son fils sont de bien braves gens !
Mais Louis, néanmoins, a des chagrins cuisants,
Car il aime d'amour sa voisine Sophie,

Un très-beau brin de fille à tous faisant envie,
Couturière en renom, mais dure aux amoureux,
Et que n'émeuvent point leurs soupirs ni leurs vœux.

Vous voyez le tableau. Sans joie et sans courage,
Louis, morne, abattu, néglige son ouvrage,
Et, sans que j'entre ici dans un plus long détail,
Il n'a plus désormais de goût pour le travail.
Vous comprenez aussi la tristesse du père
Devant son fils qui pleure et qui ne mange guère,
Qui cherche en vain la nuit un paisible sommeil,
Et qui ne sourit plus, ni ne chante au réveil.

Ainsi qu'un archevêque un batelier ne prêche.
Sémian donc cria : « Cabestan de malheur !
Sophie a trop de nez ; mais, malgré ta rigueur,
Malicieuse anguille, il faut que l'on te pêche.
Lançons donc le filet, préparons l'hameçon,
Et je te fais serment, Louis, sur mon timon,
Qu'une nuit, cet été, nous prendrons ce poisson. »

II

La Saint-Jean est passée, et déjà Juillet brille :
 Le soleil nous brûle la peau ;
 Et, puisque sur terre tout grille,
 Vive la mer ! allons vers l'eau.
 Par barques combles, sur la rive,
 Le dimanche, le peuple arrive

Et cherche l'ombre des rochers ;
Suants, trempés comme des soupes,
D'autres à pied viennent par troupes,
Sautant ainsi que des chevreaux légers.

Sur la mer, de bateaux couverte,
Et plus bleue encor que les cieux,
De l'été la fête est ouverte,
Pour trois grands mois tout radieux.
En tous sens, non loin de la plage,
Des gens s'amusent à la nage,
Par la canicule excités ;
Et je ne saurais vous redire
Les lazzis, les cris et les rires
Qui s'entendent de tous côtés.

De ces tritons, de ces naïades,
Pour ces amusantes baignades,
Six mille au moins sont rassemblés ;
Et, croyez moi, censeurs maussades
De rien ne vous montrez choqués :
Car vous verrez beaucoup de caleçons malades,
Et de nombreux corsets ont été délacés.
De ces blanches épaules nues,
De ces beaux bras par qui vos âmes sont émues,
Votre œil peut donc jouir en toute liberté ;
Mais, prenez garde aussi : dans ces braves familles,
Les pères veillent sur leurs filles,
Et quiconque oserait toucher, serait frotté.

L'un, des flancs du rocher arrache la patelle ;
Un autre, au fond de l'eau, va ramasser l'oursin,
Et celui-ci, suivant son humeur sensuelle,
Se prélasse sur l'algue et s'en fait un coussin.
        Pour les enfants qu'à terre on laisse,
Les pères sont allés pêcher la bouillabaisse,
        Au large, dans leur batelet,
    Tandis que sur la grève, entre deux pierres
Qui servent de foyer, diligemment les mères
Préparent la marmite et font des feux clairets
Qui cuiront le poisson pris au fond des filets.

En attendant, ces feux font frire la morue
Qui, chez les Marseillais, est toujours bienvenue.
Pomme d'amour [1] farcie, excellent saucisson,
Piment brûlant, la blanche épaule de mouton,
La figue du terroir, la pastèque, l'orange,
Complètent le menu. Allons ! que chacun mange,
Les jeunes et les vieux ! et que l'on soit content !
— « Mais, dis moi, Sémian : et Louis, ton enfant ?
Nous ne le voyons pas ; serait-il donc souffrant ? »

III

C'est la nuit du quinze août, éclatante d'étoiles.
Trois heures du matin. L'aube écarte les voiles
De la nuit. Jean ! Miette ! et vous, Rose, Michel !
Branle-bas ! levez-vous ; déjà blanchit le ciel.

Allons ! qu'un tron de l'air dans vos lits vous remue,
Et soyez tous bientôt descendus dans la rue !
Qu'on frappe les marteaux de toutes les maisons,
Car, pour le bord de mer à l'instant nous partons !
Sainte Vierge ! on croirait, entendant ce vacarme,
Que pour un incendie on donne ici l'alarme.
Sophie — oh ! le soleil levant n'est pas plus beau ! —
S'est si bien fait tirer l'oreille, qu'au bateau,
Fière et l'œil languissant, elle arrive dernière.
Sémian, la voyant, revient vite en arrière,
Et la prend dans sa barque. — « Ah ! dit le vieux
[renard,
Tu viens au rendez-vous, ma mignonne, un peu tard ;
Mais, pour les rattraper, je m'en vais, belle fille,
Jouer de l'aviron. » — Et c'est là le moment
Qu'attend notre malin pour pêcher son anguille.
Sa pêche réussit ; je vais dire comment.

IV

Déjà la jeunesse robuste,
Ramant dur et gouvernant juste,
D'une belle calanque a dépassé le coin
Que, là-bas, sur la côte, on aperçoit au loin.

On veut, en cet endroit, faire une belle tente
Qui donne aux conviés son ombre bienfaisante.
Horizontalement aux fentes d'un rocher
On implante un fort mât qui doit bien résister.

Sur ce faîtage on lance une très large voile
Dont retombe en penchant des deux côtés la toile.
Voilà l'abri construit : dans le coin le plus frais,
Les paniers recevront soles, merlans, mulets.

Allez-vous rafraîchir dans l onde bleue et claire,
Jeunesse ! amusez-vous, courtisez tout le jour ;
Mais on ne vit pas que de chansons et d'amour,
Et, quand l'estomac crie, il faut le satisfaire.

Comme on peut le penser, bientôt vient l'appétit.
D'aller tirer du fond des paniers la girelle,
En Foucade, l'honneur revient à la plus belle.
« Sophie, arrive vite ! » — aussitôt chacun dit :

« Rame donc, Sémian ! Faut-il que l'on te pousse ?
Il souffle, il est en nage, allons à la rescousse ! »
Mais le vieux loup de mer se fait attendre exprès.
Quand par un autre objet il les voit tous distraits,

Il va droit contre un roc, et, sans qu'on le remarque,
Par un habile choc fait chavirer la barque,
Et la belle Sophie est dans la vaste mer,
Bien près de se noyer au fond du gouffre amer.

A ses cris déchirants, tous accourent en foule ;
Mais, avant qu'on arrive, un bon moment s'écoule.
Heureusement, Louis et son père malin
Sont là tout près. Louis nage comme un requin ;

Il voit sa belle en pleurs qui pâlit, qui l'implore.
D'un bras ferme il saisit l'amante qu'il adore,
Et dans une brassée arrivant hors de l'eau,
Sur un sable bien fin il met son cher fardeau,

Lui prodigue ses soins ainsi que ses caresses,
Exprime l'eau de mer de ses brillantes tresses,
Et, près d'elle à genoux, ô ravissant tableau !
S'offre en ces deux enfants le couple le plus beau.

Elle ouvre enfin les yeux ! chacun rit ou soupire ;
Voyant ces jouvenceaux, on les plaint, les admire ;
Les femmes à Sophie offrent leurs soins touchants,
Et la font sans tarder changer de vêtements...

Mais plus d'une lui dit : « Sois donc reconnaissante
De ce qu'a fait pour toi ce courageux garçon :
Il t'a sauvé la vie, et ta bouche charmante
Ne peut plus désormais toujours lui dire : Non ! »

Et Sophie, à ces mots, recouvrant la parole,
Dans celle de Louis met sa petite main,
Se penche tendrement jusque sur son épaule,
Et dit un doux Oui, d'un accent argentin.

Entre temps, Sémian faisait sécher son linge,
Et, le ventre au soleil, contre un rocher voisin,
Il pleurait, puis riait sous cape, le vieux singe,
Si satisfait que Dieu n'était pas son cousin !

On parle alors de noce, et puis de farandole ;
On dîne en prodiguant les plus beaux coups de dent ;
On boit bien : le bon vin anime la parole ;
On s'embrasse, et l'on met en oubli l'accident.

Puis, le soir, au retour, tout le monde en chœur chante,
Le bateau fend la mer dont le phosphore luit ;
Son sillage éclatant illumine la nuit,
Et, dans, le port, finit cette fête charmante.

V

Gais amis, qui lisez l'Almanach d'Avignon,
Ensemble refaisons l'aimable promenade,
Et, dignes Provençaux, approuvez l'union
    Des mariés de la Foucade.

---

[1] Les *Foucades* sont le nom sous lequel les pêcheurs du quartier Saint-Jean, à Marseille, désignent leurs parties de plaisir au bord de la mer.

[2] La *pomme d'amour* des Provençaux n'est autre que la *tomate* des français du nord (famille des Solanées).

A ROSETTE
A ZETO
D'APRÈS M. REMY MARCELIN
LONG DOU CAMIN: AU SOULÈU

L'étoile qui, là-haut, resplendit rayonnante,
Comparée à tes yeux, voit pâlir sa clarté !...
Libérale en ses dons, et pour toi complaisante,
La nature te fit reine de la cité.

N'en sois point orgueilleuse et reste bienfaisante ;
Que le vice jamais ne souille ta beauté !
Que ton front reste pur, ta bouche souriante,
Que toujours le malheur ressente ta bonté !

Si Dieu te garde ainsi, sage autant que jolie,
Pour tes vertus, ô fleur ! tu seras tôt cueillie ;
Te voyant au travail, au devoir asservie,

Tous voudront à l'envi rendre ton sort heureux ;
Et sur ton seuil, déjà, plus d'un bel amoureux
Vient t'offrir, languissant, et son cœur et ses vœux.

M. Remy MARCELIN a réuni ses poésies provençales dans un ntéressant volume intitulé : *Long dou Camin* (Le long du Chemin). Ce félibre a aussi composé quelques petits poèmes provençaux qu'il a publiés sous la forme de brochures détachées.

PAQUES
PASCO
D'APRÈS M. A. BOREL
ARMANA PROUVENÇAU DE 1869

Voici Pâques embaumée
Et la brise parfumée
Messagère du beau temps ;
Déjà, la bonne Nature
Allonge le jour qui dure :
Voici venir le printemps !

Du sol brillante parure,
Les longs tapis de verdure
Se déroulent au grand jour.
Sombre et triste hiver, arrière !
Fais place à la primevère,
Fais place aux baisers d'amour !

Déjà, les rives fleuries,
De leurs riches broderies,
Encadrent l'eau des ruisseaux.
Déjà, sous l'épais ombrage,
Nous entendons le ramage
Et les concerts des oiseaux.

J'aime la chute écumante
De la cascade bruyante

Qui fait tourner le moulin,
Les arbres qui reverdissent,
Les fleurs qui s'épanouissent,
Et le vent frais du matin.

J'aime la chanson du pâtre,
Les bonds de l'agneau folâtre,
Les essaims des papillons
Voltigeant, ivres de joie,
Sous le soleil qui poudroie
Et prodigue ses rayons.

J'aime les nuits étoilées
Rendant ses notes ailées
Au doux rossignol muet,
Et la source qui murmure,
Enfin toute la nature
Mettant son nouveau corset.

Voilà, Pâques, chaque année,
Ce qu'en cercle ramenée
Tu nous verses de présents,
Et sur la terre attristée,
O fête tant souhaitée,
Les bienfaits que tu répands !

BLÉ DE LUNE
BLAD DE LUNO
D'après M. Ernest Roussel [1]

Armana prouvençau de 1881

Dans tes sentiers, belle Provence,
Quand la lune est propice aux couples amoureux,
On moissonne ce blé tout doré, savoureux,
Pain béni de l'amour, beau pain de la Jouvence !

Joue à joue ils vont tous les deux,
Tressaillant de bonheur, de crainte, d'espérance ;
Ils cheminent plan-plan, sous les hêtres ombreux,
Et le bel épi blond germe avec complaisance.

Or, voici ce qu'Ambroise, le berger,
Pauvre vieux, toujours vert, guilleret et léger,
Un soir, nous raconta, — car il en sait plus d'une :

« Point n'est besoin d'être faucheur savant ;
Il suffit d'être jeune et d'être heureux amant,
Pour récolter le blé de lune. »

---

[1] M. Ernest Roussel, qui appartient à l'enseignement, est un des plus anciens membres du félibrige ; ses poésies ont presque toutes paru dans l'*Armana prouvençau*. On doit encore à cet auteur un volume en prose française, très-intéressant, intitulé :

L'Aube félibrenque, où il raconte les origines, les premières luttes et les premiers succès du félibrige. (Avignon, librairie Aubanel frères. 1 vol. in-12, 1879.)

La pièce qui précède, de M. Roussel, et la suivante de M. Boy, ne nous ont été connues que tard : ce qui explique pourquoi elles sont placées un peu loin dans le volume.

LA JEANNE D'ARC
DE LA PRINCESSE MARIE
LA JANO D'ARC
DE LA PRINCESSO MARIO [1]
D'après M. Charles BOY [2]
ARMANA PROUVENÇAU DE 1881

C'est un ange incarné dans une belle fille,
Une fille ayant l'air d'un vaillant chevalier,
Un chevalier pieux croisant ses bras d'acier
Avec le biais charmant d'une Vierge Marie.

Elle est debout et prie, attend son destrier
Dont l'oreille là-bas se relève et frétille
Au bruit des noirs vautours éventrant la patrie,
Mais qu'elle écrasera dans le pré meurtrier.

O toi qui la sculptas, de foi, de force empreinte,
Tes frères, des soldats, et ta mère, une sainte,
T'apprirent ce que c'est d'être vaillant et saint ;

Et de ton marbre, ici, la grâce souveraine
Nous redit : elle fut et française et chrétienne,
Et l'on sait ce qu'un jour la bergère devint.

---

[1] Chacun sait que la princesse Marie d'Orléans, fille du roi Louis-Philippe, fut un statuaire de talent. Sa belle statue de Jeanne d'Arc figure dans les galeries du Musée historique de Versailles. Dans la chapelle expiatoire, érigée aux Ternes, près des fortifications de Paris, à l'occasion de l'accident qui causa la mort du duc d'Orléans, fils ainé de Louis-Philippe, on voit aussi un ange de marbre, dû au ciseau de la princesse Marie et qui soutient la tête de son frère mourant, statue qui est d'un autre artiste.

[2] M. Charles Boy, félibre lyonnais, n'a composé qu'un petit nombre de poésies provençales; mais il a d'autant plus de mérite d'avoir versifié dans cette langue, qu'elle semble devoir lui être jusqu'à un certain point étrangère. M. Charles Boy, membre de la Société littéraire de Lyon, s'est d'ailleurs toujours occupé des questions félibréennes. On lui doit un volume écrit en français et qui contient une excellente traduction de l'*Etude de don Rubio y Ors*, de l'*Académie royale de Barcelone*, sur *la Littérature catalane* : la langue catalane étant, comme on sait, sœur de la langue provençale dont elle ne se distingue que par des différences dialectales. Dans ce même volume, l'Etude dont nous venons de parler, est précédée d'un *Aperçu sur la Littérature provençale*, de M. Boy lui-même, écrit avec une grande élégance, et où ce félibre, tout en appréciant les mérites de la nouvelle école littéraire provençale, tout en la défendant contre ses détracteurs, et faisant connaître l'organisation du félibrige, expose avec beaucoup de justesse et de sagacité les améliorations et les réformes dont cette organisation serait susceptible. (Lyon, Châteauneuf, libraire, place Saint-Nazaire, 5 ; un vol. in-12, 1879).

LE BLÉ
LOU BLAD
(DAUPHINÉ)
D'après M. Ernest CHALAMEL
FRAGMENT

Je chanterai le blé ; je veux, à cette graine,
Don que fit aux humains la bonté souveraine,
Consacrer aujourd'hui mes vers reconnaissants.
Je ceindrai de blé roux ma lyre harmonieuse,
Et mettrai dans les yeux de la jeune glaneuse
Le transport qui jaillit en éclairs rayonnants.

Salut ! beau champ de blé que le zéphir caresse,
Et qu'il fait ondoyer au loin, plein de souplesse !
De notre ardent Midi riche manteau doré,
De la nature en fleur noble robe de fête,
D'un diadème d'or tu couronnes sa tête,
Quand tu montes serré sur le sol labouré !

Sous les yeux du bon Dieu, le blé se gonfle en terre,
Et, dans son germe vert, j'entrevois, doux mystère,
Un bel épi qui graine et rend le cent pour un.
Loin donc la faim qui pleure et tremble sous la bise :
Un rayon de soleil, un peu de tiède brise
La feront fuir ainsi qu'un nuage importun.

L'âme du laboureur de bonheur est comblée,
Quand des petits oiseaux l'innocente volée

Vient becqueter, contente, autour des épis d'or ;
Il sait que là sa main tient une riche mine
Où tous viendront puiser, et l'homme et la vermine,
Sans pouvoir mettre fin à l'abondant trésor.

Faire venir le blé, n'est pas un souci mince.
Longtemps les grands bœufs roux tirant le soc qui
[grince,
Doivent dans les sillons passer et repasser ;
A ce rude travail le laboureur austère,
Baignant de ses sueurs l'âpre motte de terre,
Verra bêtes et gens bien souvent se lasser.

Au fort de la chaleur, râteaux et faux cruelles
Couperont les blés mûrs, les mettront en javelles,
Volant, de l'aube au soir, aussi prompts que l'éclair ;
Et, dans les vastes champs où le soleil la grille,
La brune moissonneuse à l'œil ardent qui brille,
En gerbes va lier ce qu'a tranché le fer.

Puis, viendront les batteurs ; puis, les chevaux agiles
Feront retentir l'aire en la foulant, dociles ;
Et le vanneur, enfin, vient trier paille et grain.
Mais il faut, avant tout, que Dieu, le grand manœuvre,
De sa bouche d'amour daigne bénir notre œuvre,
Et que son soleil d'or féconde le terrain.

Quand riche est la moisson, d'amoureux, d'amoureuses
Babillent comme oiseaux les phalanges joyeuses,

Disant : « L'année est bonne, il faut nous marier. »
Et, le long des sentiers, sans chevaux ni carosse,
Mais se donnant le bras, les couples de la noce
Vont en procession, heureux de s'égayer.

Ah ! quand, maudits du Ciel et les yeux pleins de
[larmes,
Adam et sa moitié, honteux, privés des charmes
De leur beau Paradis, durent s'en éloigner ;
Qu'il leur fallut, voués dès lors à la misère,
Ouvrir avec effort le sein dur de la terre,
Et, pour vivre, au travail des champs se résigner,

Ce qui dut rafraîchir leur pauvre âme souffrante,
C'est la première fois qu'en moisson abondante
Ils virent s'agiter de beaux blés roux, jaunis ;
Agenouillés, vers Dieu leurs regards se tournèrent ;
Le cœur tout repentant, ils le remercièrent,
Et regrettèrent moins le brillant Paradis.

Puis, quand Dieu par Noé fit construire une barque,
Pour sauver dans ses flancs ce qui portait sa marque,
Il se souvint du blé, du pain de son amour,
Afin que, du limon, une gerbe dorée
Surgissant, pût montrer à la terre noyée
Que si Dieu nous punit, il nous pardonne un jour.

Le pain avec le vin, choses miraculeuses,
Jésus-Christ les choisit, substances merveilleuses,

Pour y cacher son corps avec son sang divin ;
Ce qui soutient notre existence corporelle,
Nous sert donc de nourriture spirituelle,
Dieu se donnant à nous dans le pain et le vin.

Chrétiens, le blé toujours nourrira donc notre être ;
Toujours la sainte hostie, entre les mains du prêtre,
S'élèvera voilant le Très-Haut, notre Roi.
Si cette manne d'or, dont la source est divine,
Se desséchait un jour, frappons notre poitrine,
Car le monde entrera dans l'angoisse et l'effroi [1].

---

[1] La pièce dont nous venons de donner la traduction, a été couronnée au concours de la Société archéologique de Béziers, en 1877. Elle se trouve imprimée dans le Compte rendu de ce concours, par M. Donnadieu.

M. Ernest Chalamel écrit aussi des poésies françaises. Dans l'*Alouette Dauphinoise* du 15 janvier 1881, on peut en lire une de cet auteur, qui a été également couronnée au concours de la Société archéologique de Béziers, en 1880.

La même Revue publie actuellement (février-mars 1881) un poème provençal de M. Chalamel, *Martouneto la foualo* (Marthe la folle), écrit dans le dialecte du Dauphiné.

L'*Alouette Dauphinoise* est une revue littéraire bi-mensuelle, franco-provençale, qui s'édite à Montélimar, et qui a été fondée et est dirigée par M. Morice Viel, de Puygiron (Drôme). Cette publication se distingue par le goût qu'apporte son directeur dans le choix des pièces en prose et en vers, françaises ou provençales, qu'il offre à ses lecteurs.

LA PROMENADE DU DOCTEUR
LA PERMENADA DOU DOUCTOU
(LANGUEDOC)

D'APRÈS FEU ALFRED MOQUIN-TANDON [1]

Sous le pseudonyme FREDOL DE MAGUELONE

LOU ROUMAVAGI DEIS TROUBAIRES (RECUEIL COLLECTIF)

Anciennement, c'était l'usage,
Dans l'Ecole de Montpellier,
D'honorer par un grand hommage
Tout docteur reçu beau premier.
Il faisait donc le tour de ville,
Le porte-masse allant devant,
Le hautbois derrière, et la file
Des amis suivait le savant.
Un jour, dans une promenade,
On rencontre maître Jacquet
Au marché portant la salade,
Escorté de son bourriquet.
Juste au beau milieu de la rue,
L'homme et l'âne étaient, par malheur;
Par eux allait être rompue
La procession du docteur.
— Holà ! cria le porte-masse,
Range donc ton âne, vaurien ! —
L'autre répond, restant en place :
— Et toi, butor, range le tien !

[1] Bénédict-Alfred Moquin-Tandon, botaniste et médecin, naquit à Montpellier en 1804 et mourut à Paris en 1863. Il fut successivement professeur à l'Athénée de Marseille, à la Faculté des sciences de Toulouse et à la Faculté de médecine de Paris ; il fut élu membre de l'Académie des sciences en 1854. Moquin-Tandon a laissé des ouvrages de médecine et d'histoire naturelle, et il mêla à ses recherches scientifiques quelques travaux littéraires. Ainsi, il publia dans divers recueils du Midi, des pièces de vers en idiome languedocien, et il fit paraître, en 1836, sous le titre de *Carya Magalonensis* (le Noyer de Maguelone), et comme un manuscrit du XIVe siècle, un charmant badinage qui mit en défaut la clairvoyance de Raynouard lui-même. Moquin-Tandon signait ses poésies languedociennes du pseudonyme *Fredol de Maguelone*.

SUR LES RIVES DE LA SORGUE
AU RIBAS DE LA SORGO
D'après M. Gabriel Azaïs [1]
ARMANA PROUVENÇAU DE 1876

Ils étaient assis tous les deux
Sur ses bords. Rougissante et folle,
Elle tenait un livre, et l'amoureux
Lisait par-dessus son épaule :

C'était un sonnet langoureux
Où de Pétrarque l'âme vole
En soupirs tendres, gracieux.
Emue et perdant la parole,

Le livre à ses mains échappa,
L'eau sur-le-champ l'enveloppa,
Et l'emporta comme une barque.

Pleurant, elle se désolait,
Son doux ami la consolait,
Et, des cieux, souriait Pétrarque.

---

[1] M. Gabriel Azaïs, secrétaire de la Société archéologique, scientifique et littéraire de Béziers, a réuni ses poésies languedociennes et provençales dans un volume intitulé : *Las Vesprados de Clairac* (Les soirées de Clairac), édition elzévirienne. — Il achève en ce moment la publication d'un ouvrage considérable, le *Dictionnaire des Idiomes romans du midi de la France*, en trois volumes in-8° — On doit encore à M. Azaïs les deux ouvrages suivants, écrits en français, mais se rapportant au Midi : *Les Troubadours de Béziers*, et *Catalogue botanique, languedocien, provençal, quercinois*, etc. — Nous tenons enfin à signaler, de ce félibre, la remarquable *Introduction* de son projet de *Dictionnaire des Idiomes languedociens*, qui est une étude magistrale sur la langue et la littérature néo-romanes ; Montpellier, 1846, grand in-8°.

Le poète feu Jacques Azaïs, père de M. Gabriel Azaïs, et qui fut président de l'Académie de Béziers, est aussi l'auteur d'un recueil de poésies languedociennes très-estimées, ayant pour titre : *Berses patoises* (Vers patois) ; Béziers, in-12, 1867, librairie Bénezech-Roque.

L'ASSIETTÉE D'HUITRES
LA SIETADO DE PELOUSTIOUS [1]

(LANGUEDOC)

Conte, d'après M. Gabriel AZAIS

REVUE DES LANGUES ROMANES,

N° D'AVRIL-JUIN 1880

A l'auberge des *Trois-Pigeons*,
　　Par un temps de forte gelée,
　　Arrive, un jour, à la vesprée,
Monté sur son cheval, un marchand de Saint-Pons,
　　Transi de froid. A la cuisine,
　　　Où flambe un bon feu de sarments,
　　Il va pour se chauffer l'échine ;
Mais comment approcher ? Cinq ou six paysans,
　　Se carrant chacun sur sa chaise,
Devant la cheminée installés à leur aise,
La bloquent, et, manquant de toute humanité,
　　Guettent le marchand de côté,
　　Oubliant de lui faire place.
　　Mais, le marchand est un finaud.
　　Sans faire la moindre grimace,
　　Arrêtant l'hôtelier qui passe,
　　Il lui dit, en parlant bien haut :
« D'huîtres à mon cheval portez une assiettée. »
　　　— « Mais c'est de l'avoine blutée,
Que veut dire Monsieur ? » — « Non, des huîtres ; allez,

Vite à mon cheval portez-les,
Et faites ce qu'on vous commande. »
A ce discours, toute la bande
Qui se rôtissait les talons,
Va vers l'étable à reculons.
Demeuré seul dans la cuisine,
Notre marchand, pendant ce temps,
Qui tremble et rit entre ses dents,
Seul devant le feu s'acoquine.
L'hôte rentrant, dit : « Le cheval
Ne veut pas manger ce régal. »
— « Alors, moi, j'en ferai ribotte,
Ainsi que d'un poulet avec un autre plat ;
Quant à mon cheval, d'une botte
De bon foin il fera sans doute plus d'état...
Et servez-en de même à tous ces imbéciles
Qui sont là-bas devant le râtelier, tranquilles. »

---

[1] *Peloustious*, petite huître.
(Note de la *Revue romane*.)

NOTRE VIEUX MAITRE D'ÉCOLE
NOSTE VIEL MESTRE D'ESCOLO
(LANGUEDOC)
D'après M. A. BIGOT

LI BOURGADIEIRO [1]

Il était bon comme le pain ;
Son triple menton gras pendait sur sa poitrine ;
A sa culotte de lustrine
Qui descendait, souvent il envoyait la main.
Mais cette main n'était pas molle,
Car il avait le coup d'œil sûr,
Et, parfois, il frappait dur,
Notre vieux maître d'école.

Dans quel bel endroit elle était,
Notre école : — Dieu me garde ! —
Au-dessus d'un corps de garde,
A côté d'un cabaret !
Son porche faisait vergogne :
Qu'il fût grand matin, qu'il fût tard,
On y voyait ou fumer un soudard,
Ou bien tituber un ivrogne.

Dans ce local, on nous faisait chanter
Tous à la fois, sans accord, sans mesure ;
Le catéchisme était le livre de lecture ;
On nous faisait écrire et tant soit peu compter.

Que ma tête était dure et folle !
Mais, de s'en tourmenter il n'y voyait pas lieu :
    Car c'était l'homme du bon Dieu,
      Notre vieux maître d'école.

Aussitôt qu'il avait son dîner dans le sac,
Ses paupières baissaient, puis se fermaient, pauvrettes.
    Alors nous cachions ses lunettes,
    Ou nous répandions son tabac,
    Sous son nez, doucement, et, comme
Une mouche trottant, notre plume glissait :
    De sa main, vite, il la chassait,
    Et puis il reprenait son somme.

    Nous payions trois francs par mois ;
    Mais, les trois quarts de l'année,
Pour la moitié de la somme donnée,
    Il nous gardait deux à la fois.
    Quand l'eau gelait dans la rigole,
Chacun portait sa bûche, et lui, faute de mieux,
    Il nous faisait de maigres feux
      Notre vieux maître d'école.

Du dénûment de Job sa misère approchait ;
    De tous côtés s'entr'ouvrait sa chaussure ;
    Mais un abri, l'ombre et la nourriture,
      C'était tout ce qu'il lui fallait.
    Quand nos mois tombaient, je l'atteste,
    Le boulanger une fois acquitté,

On le voyait donner par charité
Tout le peu qu'il avait de reste.

Il aimait, l'été, boire frais ;
Il menait une vie honnête,
Et, sans se fatiguer la tête,
Du Ciel il acceptait humblement les décrets.
Ne possédant pas une obole,
Mais sans rien devoir cependant,
Il mourut pauvre et content,
Notre vieux maître d'école.

---

[1] Le titre *Li Bourgadieiro* (Les Chansons du Bourg), que M. A. Bigot a donné à son recueil de poésies languedociennes, est tiré du nom de l'un des quartiers de Nimes, ville où réside ce poète.

A PÉTRARQUE
A PETRARCO [1]
(LANGUEDOC)
D'APRÈS M. Frédéric DONNADIEU

Revue des langues romanes, n° de juillet a octobre 1874

Cinq cents ans écoulés, l'Italie et la France,
S'unissant dans la paix et dans un même amour,
Viennent sceller ici le pacte d'alliance
Qui deviendra la loi des nations, un jour.

Dans l'antique cité papale aux cieux s'élance,
T'acclamant, ô Pétrarque, ô divin troubadour,
La joie enthousiaste ; et l'heureuse assistance
Se croit au Capitole, aux fêtes d'une cour.

Le temps a pour les uns, l'oubli ; — pour toi, la gloire !
Tes lauriers ont grandi ; le temple de Mémoire
T'ouvre sa porte en plein ; partout court un frisson !

Oui ! mais ta face maigre et pâle et souffreteuse
Ne sentit point l'haleine embaumée, amoureuse
De Laure, qui pour toi, ne fut, hélas ! qu'un nom !

---

[1] Ce sonnet et le suivant furent composés à l'occasion des fêtes du cinquième centenaire de Pétrarque, qui eurent lieu à Avignon, en 1874.

M. Frédéric DONNADIEU n'a publié qu'un petit nombre de poésies languedociennes ou provençales ; mais on lui doit de remarquables rapports, écrits en français, sur les concours de la Société littéraire et archéologique de Béziers, dont il est un des Membres les plus actifs. Ce félibre a aussi écrit des poésies françaises, entre autres un petit poème intitulé : *Au quartier latin*, Paris, Jouaust, 1875, tiré à petit nombre, et non mis dans le commerce.

A LAURO
A LAURO
(LANGUEDOC)
D'APRÈS M. FRÉDÉRIC DONNADIEU
REVUE DES LANGUES ROMANES, N° DE JUILLET A OCTOBRE 1874

Céleste vision, — ange ou femme, — jaillie
Du front endolori d'un trouvère enchanteur !

De la Beauté suprême éclosion bénie !
De l'arbre félibrin premier bouton en fleur !

Sur nos terres jadis tu t'es épanouie,
Où le ciel verse à flots amour, soleil, bonheur :
Elle s'est incarnée en toi la poésie
De notre ardent Midi tout rempli de splendeur.

A toi les chants sacrés, le triomphe, les Joies [1]
De ton Pétrarque à qui tu sus montrer les voies
Pour dresser dans ses vers, comme sur des autels,

Ses deux grandes amours : la Beauté, la Patrie,
Vivant en ces doux noms : Laure et son Italie,
Dans les âges futurs, désormais immortels !

---

[1] *Joies* (*Joio*, en provençal), nom donné dans le Midi aux récompenses obtenues dans les Concours, les Jeux, etc.

C'EST SA MÈRE QUI NOUS L'A PRIS
SA MAIRE L'ES VENGUT CERCA
(LANGUEDOC)
D'APRÈS M. JULES GAUSSINEL
REVUE DES LANGUES ROMANES, N° DU 15 NOVEMBRE
AU 15 DÉCEMBRE 1878

Sans parents, à trois ans, pechère !
Un enfant beau comme un amour,
Tant et plus appelait sa mère,
Gémissant la nuit et le jour.

Jeux, amusements, badinages,
Soins, caresses, rien n'y faisait,
Car le pauvre petit sentait
Que c'était là des soins à gages.

Or, sa mère, un soir qu'il pleurait,
Put l'entendre du cimetière ;
Son cœur tressaillit sous la terre,
Sous la terre qui la couvrait.

Comme une flèche sa prière
Monte tout droit au Paradis.
— La foi jamais ne désespère ! —
Et vers Dieu s'élèvent ces cris :

« O mon Dieu, laissez-moi, de grâce,
Sur terre un moment revenir
Vers mon enfant, car je suis lasse
De l'entendre toujours gémir ! »

Tant elle supplie et tant pleure,
Que le bon Dieu la laisse aller,
Avec l'ordre de retourner
Dès que le coq chantera l'heure.

Se levant de son lit de plomb,
A son lourd linceul elle échappe ;
En vain le chien de garde jappe,
— De l'oiseau le vol est moins prompt ! —

En arrivant à sa demeure,
La pauvrette ne fit qu'un bond
De la porte de la maison
Au berceau de son fils qui pleure.

Contre ses seins tout essoufflés
Elle le serre, elle le baise,
Dans ses langes le met à l'aise,
Et peigne ses cheveux bouclés.

Le pauvre petit à sa mère
Souriait de contentement ;
La nuit avait fui tout entière,
Qu'elle la croyait commençant.

Le chant du coq annonce l'aube,
La mère a compris cet appel ;
Se rappelant l'ordre du Ciel,
Elle pâlit et se dérobe.

Depuis ce jour, passé minuit,
L'enfant ne se fait plus entendre :
Personne n'y peut rien comprendre ;
Mais la morte vient chaque nuit.

Un jour, le berceau (mauvais signe!)
Est muet. Qu'a-t-on pressenti ?
Puis, d'où vient que chacun se signe ?
— Pour le Ciel l'ange était parti ! —

Dans la mort, sa bouche avec grâce
Gardait son enfantin souris ;
Et chacun disait à voix basse :
C'est sa mère qui nous l'a pris.

---

[1] M. Jules Gaussinel, qui est sans liens de parenté avec feu Benoît Gaussinel, chansonnier languedocien, très-populaire à Montpellier, a écrit lui-même des poésies languedociennes, mais s'est principalement fait connaître par ses poésies françaises : *L'Italie militante*, *Régina*, *l'Orgue*, et surtout par son œuvre capitale Abdona, poème en trente chants, mais qui ont chacun peu d'étendue.

Le héros de cette épopée à la fois humaine et céleste, est un ange nommé *Abdona*. Plein de commisération pour les souffrances de l'humanité, Abdona quitte furtivement le ciel, en se mêlant aux anges que Dieu envoie sur la terre pour assister le Christ dans sa Passion, et conduire au ciel les âmes des justes qui attendent la venue du Messie. Le Seigneur punit la désobéissance d'Abdona, en le condamnant à passer de longues années sur la terre, séjour durant lequel Satan, par ses ruses, parvient à retenir pendant un certain temps Abdona dans l'enfer. Celui-ci en sort grâce à l'assistance d'un ange rebelle mais repentant. C'est d'Abdona, selon le poète, que sont issus spirituellement les saints, les grands hommes, les génies méconnus et persécutés. Dieu pardonne, à la fin, à Abdona ainsi qu'à l'ange qui s'est montré charitable envers lui, et ils reprennent tous les deux leur place dans la milice céleste. Telles sont les données générales sur lesquelles M. Jules Gaussinel a édifié son épopée, œuvre digne du plus légitime succès.

A JULES GAUSSINEL
après la lecture de son poème intitulé « ABDONA »
A JULI GAUSSINEL
après la legido de soun « Abdona »

(LANGUEDOC)

D'APRÈS M. LE DOCTEUR ADELPHE ESPAGNE [1]

REVUE DES LANGUES ROMANES, NUMÉRO DE MARS 1878

Suivant du grand Milton la trace étincelante,
Tu t'élèves aux cieux, et puis, Dante nouveau,
Ouvrant le noir portail de la cité dolente,
Doux autant que le miel, plus fort qu'un lionceau,

La vision d'en haut que ta geste nous chante,
Enivrant notre esprit à la source du beau,
Nous dit qu'un jour en Dieu nous verrons triomphante
Toute âme qu'il marqua de son sublime sceau.

Ceux donc sur qui souffla cette haleine divine,
Tasse, Camoens, Musset, Brizeux, Mistral, Racine,
Et l'homme mal chaussé qui nous sculpta Cinna [2],

Peuvent, de droit choisi, resplendir dans ton livre.
Mais, en tes vers, l'un d'eux mérite encor de vivre :
Car n'es-tu pas, poète, un des fils d'Abdona.

[1] M. le docteur Adelphe ESPAGNE, professeur agrégé à la faculté de médecine de Montpellier, se délasse de ses travaux professionnels par la culture des lettres, et surtout par l'étude de la littérature néo-romane. Il a écrit des poésies languedociennes et provençales et de nombreux articles de philologie, qui ont paru dans la *Revue des langues romanes*,

[2] Pierre Corneille (le grand Corneille).

ADIEU !

Imité de LANCELOT DU LAC

ADESSIAS !

Retrach dau LANCELOT

(LANGUEDOC)

D'APRÈS M. ALPHONSE ROQUE-FERRIER

ARMANA DE LENGADÒ, DE 1876

LA CIGALE DE PARIS (RECUEIL COLLECTIF.)

Quand, daignant agréer l'hommage de ma flamme,
Vous eûtes fait de moi votre servant d'amour,
« Adieu, beau doux ami » m'avez-vous dit, ô dame !
Ce mot, mon cœur, depuis, croit l'ouïr chaque jour.

Il a, dans tout combat, soutenu ma vaillance ;
Par les monts, sur les mers, de force il m'a comblé,
Il sut guérir mes maux, dompter la malveillance ;
Des propos envieux ce mot m'a consolé.

Je marchais dans la nuit, il éclaira ma voie ;
Il étancha ma soif, me nourrit dans ma faim ;

J'étais triste, inquiet, il m'a rempli de joie
Et m'a fait plus que riche en mon pauvre destin.

Merci pour ce doux mot dont j'ai gardé mémoire ;
Car, dans le renouveau que mon âme a senti,
A vous seule je dois rapporter toute gloire,
Puisque de votre bouche, ô dame, il est sorti.

---

[1] M. Alphonse Roque-Ferrier est secrétaire de la *Société pour l'étude des langues romanes* et, par suite, de la rédaction de la *Revue* littéraire publiée à Montpellier par cette Société. On lui doit de nombreux articles de philologie et de critique, relatifs aux langues et aux littératures romanes, et qui figurent dans cette Revue. Ce félibre est aussi l'auteur de poésies languedociennes et provençales, qui ont paru dans l'*Armana de Lengadò* (Almanach de Languedoc), dans l'*Armana prouvençau*, ou dans l'*Almanach du Sonnet;* mais il a généralement signé ces poésies du pseudonyme de CLARENS.

La poésie de M. Roque-Ferrier, dont nous donnons ci-dessus la traduction, a été imitée par lui d'un des plus gracieux passages du roman de *Lancelot du Lac* qui appartient à la série des *Romans* dits *de la Table Ronde, ou du Cycle d'Arthur*, datant du XIIe siècle. Plusieurs de ces romans ont été *mis en nouveau langage* et publiés par Paulin Pâris, savoir : *Joseph d'Arimathie, le Saint-Graal* dont l'original est en prose latine, *Merlin, Artus*, et *Lancelot du Lac* (Paris, Techener, 1862, 3 vol. in-12).

Le passage du *Lancelot* imité par M. Roque-Ferrier l'a été aussi par François Ponsard, dans la scène 1re du premier acte de sa tragédie *Agnès de Méranie*.

Plus anciens d'un siècle que les romans de la Table Ronde, c'est-à-dire datant du XIe siècle, figurent, dans notre vieille littérature, *les Romans des Douze Pairs, ou du Cycle de de Charlemgne*, dont les principaux sont : *La Chanson de*

Roland ou Poème de Roncevaux, Berte aux grands Piés, Garin le Lehorain, la Chanson d'Antioche, etc.

Ce serait sortir de notre cadre que de citer un plus grand nombre de ces romans chevaleresques du moyen âge, écrits ou versifiés en vieux français. Nous nous bornerons à mentionner les principaux romans provençaux anciens qui ont déjà été publiés, et qui sont :

PIERRE DE PROVENCE ET LA BELLE MAGUELONE, roman écrit en vieille prose provençale, vers 1178, par Bernard de Treviers, chanoine de l'église de Maguelone (ancien emplacement de Montpellier). L'original, aujourd'hui perdu, en subsistait encore au XV° siècle, époque où il fut, dit-on, retouché par Pétrarque. Vers le même temps, il en fut fait des traductions françaises, et il ne reste que quelques très-rares exemplaires de ces premières traductions, tous imprimés en caractères gothiques. La plus ancienne de ces traductions porte que ce roman *fut ordonné et mis en cestuy langaige l'an MCCCCLIII*. La bibliothèque de l'arsenal, à Paris, en possède un exemplaire de 1490, imprimé à Lyon. La bibliothèque de Carpentras en a un exemplaire in-18, imprimé à Avignon, en 1524, et qui lui fut légué, en 1818, par le docteur Barjavel qui l'avait payé 3,135 francs. Quant à la traduction française la plus récente, bien qu'elle date de près de cent ans, elle faisait partie de l'ancienne *Bibliothèque bleue*, et a été réimprimée par la librairie Garnier frères, Paris, in-12 ; mais cette traduction, tant pour la succession des faits, que pour le style et l'orthographe qui sont modernes, s'éloigne beaucoup du texte des premières traductions.

GIRART DE ROSSILLON, chanson de geste, du XIII° siècle, publiée en vers provençaux et en vers français, par Francisque Michel (Paris, P. Jannet, 1856, édition elzévirienne). Il existe une version de *Girart de Rossilhon*, remaniée en vers français du XIV° siècle, d'une lecture très-agréable, publiée par Mignard. (Paris, Techener, 1858, in-8°) ; M. Littré a inséré dans le *Journal des Savants*, avril et mai 1860, une analyse très-remarquable de cette version du *Girart de Rossilhon* mise au jour par M. Mignard.

S.

FLAMENCA, joli roman en vers provençaux, du XIII° siècle, publié avec traduction française par M. Paul Meyer. (Paris, A. Franck, 1865, in-8°). Les vieux vers provençaux de ce roman, plein de fraîcheur et de naïveté, sont encore assez faciles à comprendre ; et la lecture en devient tout à fait intéressante, en s'aidant de l'élégante traduction de M. Meyer.

Les deux romans provençaux qui précèdent sont cités par Mistral, dans une strophe du chant 1ᵉʳ de *Calendau*.

Enfin, FILOMENA, roman du XIV° siècle, est le seul qui subsiste aujourd'hui, écrit en prose provençale. Il est possédé, manuscrit, par la bibliothèque d'Aix-en-Provence, mais il n'a pas été publié. Il est cité par Raynouard, et par le félibre François Vidal, dans son discours de réception à l'Académie d'Aix (février 1879).

Si l'on ajoute aux quatre romans précédents, ceux intitulés : *Jaufre, Fierabras* et *Blondin de Cornouailles*, cités par César Nostradamus, Raynouard, Fauriel et Frédéric Diez, mais dont on ne possède que des fragments, on aura la liste des anciens romans provençaux découverts jusqu'ici.

SUR L'ALBUM DE MLLE ***

*SUS L'ALBUM DE M^{LLO} ****

(LANGUEDOC)

D'APRÈS M. ALBERT ARNAVIELLE

ARMANA PROUVENÇAU DE 1879

Jolie, il me convient d'écrire ici des vers
    A tes charmes offerts,
A tes quinze ans fleuris brillant sur ta figure,
A ton printemps ayant les roses pour parure.

Jolie, il me convient d'écrire ici des vers
    A tes charmes offerts.

Et s'il te plait, jolie, ici de voir ces vers
    A tes charmes offerts,
Lève un peu tes grands yeux de la page du livre,
Souris à ton félibre, ô vierge, et fais-le vivre !
Il sera fier, ici, d'écrire encor des vers
    A tes charmes offerts.

Jolie, il m'est bien doux d'écrire ici des vers
    A tes charmes offerts.
Mais plus heureux sera celui dont l'œil de flamme
Saura graver, enfant, dans le fond de ton âme,
Ce mot qui te plaira bien mieux que mille vers
    A tes charmes offerts.

---

[1] Les poésies languedociennes de M. Albert ARNAVIELLE sont réunies dans un volume intitulé *Lous Cants de l'Aubo* (les Chants de l'Aubo). Ce félibre est aussi l'auteur d'un petit poème légendaire, écrit en vers languedociens, et qui a pour titre *Volo-Biòu, pouemo cevenòu* (Vole-Bœuf, poème cévénol). M. Arnavielle a été le fondateur, à Alais, sa ville natale, en 1874, de l'*Armana Cevenòu* (l'Almanach Cévénol) publication annuelle composée de pièces de prose et de vers dues aux félibres languedociens, et qui prit, de 1876 à 1878, le titre plus général de : *Armana de Lengadò* (Almanach de Languedoc). Cet annuaire n'a cessé de paraître que parce que M. Arnavielle attaché à l'administration du chemin de fer de la Méditerranée, a été envoyé dans une résidence éloignée du Midi.

LE CALENDAL

AUX ÉDITEURS DE L'ANNUAIRE PROVENÇAL : « LA BUCHE-DE-NOEL »

LOU CALENDAU

As estigatous de l'Annuàri prouvençau : Lou Cacho-Fiò [1]

(LANGUEDOC)

D'APRÈS M. Albert ARNAVIELLE

LOU CACHO-FIÒ, ANNUARI PÈR 1881

Posons le Calendal, l'antique Calendal,
    En ce grand Jour natal [2] !
Maintenons, ravivons la flamme ardente et forte
Que, modernes païens, vous dites déjà morte.

Posons le Calendal. — A son foyer sacré
    Le félibre inspiré
Viendra, dans tous les temps, ô Provence chrétienne,
De sa tradition te proclamer gardienne !

O vous qui, dans ce jour, nous donnez Calendal,
    Pour guide et pour fanal,
Gravez sur son fronton ces deux noms poétiques :
Mistral et Saboly ! symboles prophétiques.

Et tout bon catholique, et tout bon citoyen,
    Annuaire chrétien,
Dans un joyeux transport de foi, de poésie,
Chaque an, t'accueillera comme un petit messie !

¹ En Provence, *Calendau* et *Cacho-Fiò* sont deux mots synonymes qui signifient l'un et l'autre la Bûche de Noël. Voir à la page 186, ce que nous disons de l'annuaire : *Lou Cacho-Fiò*, et de ses fondateurs.

² Le grand *Jour natal* (nadau). Cette expression n'est que la traduction littérale de la qualification que la liturgie applique au jour de Noël, à la fête de la Nativité du Christ, qu'elle ne désigne parfois pas autrement que par la dénomination de *Dies natalis*.

DEVANT UN CRUCIFIX
DAVANS UN CRUCIFIS

(LANGUEDOC)

D'APRÈS M. PAUL GAUSSEN

JOURNAL « DOMINIQUE », DU 19 NOVEMBRE 1876

J'ai franchi la moitié du chemin de la vie ;
Aux buissons épineux mon cœur s'est déchiré,
Et, rempli de chagrin, bien souvent j'ai pleuré
La jeunesse, avant l'heure, à ce monde ravie.

En rêvant le bonheur, Seigneur, j'ai donc erré !
Sur la route des maux mon âme s'est meurtrie.
Mais je marcherai ferme au sort qui me convie,
Sans que mon fier courage ait jamais murmuré.

Dieu tout-puissant, pour nous tu souffris le martyre ;
Tu supportas les coups sans haïr ni maudire ;
Et moi, je me plaindrais, Maître, quand tu me dis :

« Chaque soleil couchant dévore, dans sa flamme,
Les voluptés du corps et les douleurs de l'âme ;
Et le souverain bien n'est qu'au saint Paradis. »

---

[1] M. Paul GAUSSEN n'a pas encore réuni en volume ses poésies languedociennes et provençales; mais elles ont paru dans l'*Armana*, la *Revue des Langues romanes*, le *Dominique*, la *Farandole* de Paris, les *Tablettes d'Alais* (ville où réside ce félibre), et autres recueils ; quelques-unes de ces poésies ont été imprimées à part. — On doit encore à M. Gaussen : *La Ficiro* de *Chambourigaud* (La Foire de Chambourigaud), poème en cinq chants ; — *La Camisardo* (La Camisarde), drame en quatre actes et en vers provençaux ; Aix, Imprimerie provençale, 1880 ; — et *Rouland lou camisard* (Roland le camisard), en préparation.

ESTIVALE
ESTIVENCO
(LANGUEDOC)

D'APRÈS M. PAUL GAUSSEN

JOURNAL « DOMINIQUE », DU 24 SEPTEMBRE 1876

Bourdonnant dans l'air, arrive l'abeille
Des aubépins blancs caresser la fleur
    Que l'aube réveille.
La cime des monts bientôt s'ensoleille,
Et vers Dieu s'élance un chant de bonheur.
Bourdonnant dans l'air, arrive l'abeille
Des aubépins blancs caresser la fleur.

Dans le ciel tout bleu, le soleil s'élève
Et fait scintiller les limpides eaux
      Coulant vers la grève.
La cigale chante et l'amoureux rêve,
En prêtant l'oreille au chant des oiseaux.
Dans le ciel tout bleu, le soleil s'élève
Et fait scintiller les limpides eaux,

Sous ces bois touffus où fleurit l'orobe,
Enfant, de midi fuyons les ardeurs
      Qui brûlent ce globe.
Viens sur l'herbe verte étaler ta robe :
Nous respirerons de douces senteurs.
Sous ces bois touffus où fleurit l'orobe,
Enfant, de midi fuyons les ardeurs.

Dans le firmament vois le jour qui baisse,
Dérobant, ma belle, un peu de bonheur
      A notre jeunesse !
Hâtons-nous d'aimer : car notre tendresse
A du beau matin toute la fraîcheur.
Dans le firmament vois le jour qui baisse,
Dérobant, ma belle, un peu de bonheur.

Le soleil flamboie et le vent s'apaise ;
Ivre de bonheur, la terre s'endort ;
      Que tout bruit se taise !
Ton œil a plié, ta bouche me baise ;
Endormons-nous donc dans nos rêves d'or.

Le soleil flamboie et le vent s'apaise ;
Ivre de bonheur, la terre s'endort.

O Temps, grand faucheur, brandis ta faucille !
Tu peux, sans pitié, faire ta moisson.
       Toujours l'eau sautille,
Et la blanche fleur sur ses bords frétille,
Et les amoureux chantent leur chanson.
O Temps, grand faucheur, brandis ta faucille !
Tu peux, sans pitié, faire ta moisson.

LA VÉNUS NOIRE
LA VENUS NEGRO
D'APRES M. MAURICE FAURE[1]

ARMANA PROUVENÇAU DE 1879

Je me promenais seul, triste, l'âme abattue,
Dans un parc solitaire aux ombrages profonds,
Quand, tournant une allée, — ô la charmante vue ! —
J'aperçus une statue au milieu des buissons.

C'était Vénus. Le temps noire l'avait rendue ;
Un lierre l'enlaçait de ses sombres festons ;
Elle me fit songer à ma déconvenue,
Quand d'une belle un jour je vis les trahisons.

Ce marbre tout noirci me retraçait son âme,
Foyer ardent dont s'éteignit si tôt la flamme,
N'y laissant que la suie... O vice dégradant!

Et je me dis, pensant encore à la rebelle :
Statue, ainsi que toi, souillée et pourtant belle,
Le lierre qui t'embrasse est son nouveau galant!

---

¹ Le félibre Maurice FAURE est le promoteur et l'un des plus actifs collaborateurs de la revue mensuelle franco-provençale qui a pour titre : *La Farandole, gazette des méridionaux à Paris.* — Ses poésies languedociennes et provençales ont paru, pour la plupart, dans l'*Armana prouvençau,* la *Revue des Langues romanes,* la *Cigale de Paris,* la *Cigale à Arles* de M. Aparicio, etc.

LA VÉNUS DE GORDES¹
LA VENUS DE GORDO

D'APRÈS M. MAURICE FAURE

JOURNAL « DOMINIQUE », DU 12 NOVEMBRE 1876

A Mademoiselle Constance Mayen

O belle provençale à la peau brune et mate,
Je t'ai vue au théâtre et suis resté muet,
Quand, toi, divine, tu nous montras de Marguet
Et la beauté sévère et l'âme scélérate.

Non, de tes grands yeux noirs jamais je n'oublierai
Les terribles éclairs en qui l'amour éclate,
Ton visage enchanteur, et ton parler de chatte
Suave et doucereux comme un clair jour de mai.

Oh ! tu ne peux pas être une épouse assassine,
Ni d'un vil margoulin l'infâme concubine.
Je vois dans ton beau corps éclatant de splendeur,

Non celle qui *Vénus de Gordes* est nommée,
Nom aujourd'hui de triste et sombre renommée,
Mais la Vénus qui d'Arle est l'immortel honneur.

---

[1] « *La Vénus de Gordes*, drame d'Ernest Daudet, est un souvenir de cour d'assises. Marguet (*Margaï*), fille passionnée et dépravée, épouse le poète Pascoul, qu'elle fait plus tard assassiner par un de ses amants, après avoir essayé de l'empoisonner. C'est la belle Mademoiselle Mayen qui remplissait le rôle de Margaï. »

(*Note de* M. Maurice Faure.)

MARGUERITE
MARGARIDO
(LANGUEDOC)
D'APRÈS M. ANTONIN GLAIZE[1]
ARMANA PROUVENÇAU DE 1876

Trônant, ainsi qu'un roi, dans les cieux empourprés,
Le soleil devant lui dissipait les nuages ;
Par des sentiers riants nous traversions les prés ;
En pleurs étaient nos yeux, et pâles nos visages.

Pourtant les airs étaient de calme pénétrés ;
Des vieux arbres touffus les frais et verts feuillages
Nous versaient l'ombre ; et, de doux parfums saturés,
Les zéphirs caressaient, légers, nos blancs corsages.

Pour mieux nous voir, d'en haut regardaient les
[jasmins
Descendant en festons ; et, le long des chemins,
Tendrement murmurait ainsi la marguerite :

« Adieu donc pour toujours, ô toi, ma sœur petite,
Qui nous quittes pour t'en aller dans le ciel bleu
Y fleurir à jamais dans les jardins de Dieu ! »

---

[1] Les poésies de M. Antonin GLAIZE sont contenues dans l'*Armana prouvençau* et dans la *Revue des Langues romanes*. Parmi ces poésies, il y en a d'écrites en languedocien, et un plus grand nombre en dialecte provençal des bords du Rhône.

MON RAMEAU
MOUN RAMPAU
(LANGUEDOC)
D'après M. Louis BARD [1]
ARMANA PROUVENÇAU DE 1877

I

Rameaux bénits où mon enfance
Se plaisait tant à voir flottants :
Gimbelettes à chaque ganse,
Œufs, bonbons au bout de rubans.

Oranges à robes pourprées,
Massepains rouges, violets,
Tartelettes rousses, dorées,
Dans vos feuillages verdelets :

J'aime à vous revoir, chaque année,
Portés par de beaux innocents,
Faire revivre en ma pensée
Les bonheurs de mes jeunes ans.

Oh ! je me souviens que, sans trêve,
Quand on approchait des Rameaux,
La nuit, je vous voyais en rêve,
Ramelets tentants et nouveaux !

Et je réveillais mon bon père,
Voulant avoir le beau premier ;
Et le saint homme, pour me plaire,
Me garnissait vite un laurier.

Puis, au jour de Pâque fleurie,
Saint dimanche tant désiré,
Frisé, portant toque jolie,
Bref, à quatre épingles tiré,

Je courais vite vers l'église,
Gai comme un moineau du chemin,
Et, tout droit, près ma mère assise,
Le roi n'était pas mon cousin.

Afin qu'il reçût mieux l'eau sainte,
Bien haut mon rameau je levais,
Dans mes yeux la joie était peinte ;
Puis, m'agenouillant, je priais.

II

Joie innocente, heure bénie,
Qu'en grandissant je vis finir,
A nos neveux faites envie,
N'étant pour moi qu'un souvenir.

Près de mon bénitier de terre,
Alors, rameau, ma main te mit ;
Jette toujours, humble bannière,
Ton ombre au-dessus de mon lit.

Car, chaque soir, je te regarde,
Moi, pauvre, obscur et dédaigné ;
J'implore Dieu, pour qu'il me garde...
Et je m'endors plus résigné.

Ah ! beau rameau de mon enfance,
Va, je t'aime du même amour :
Au fond du cœur j'ai l'espérance,
Qui luira sur mon dernier jour !

---

[1] Les poésies de M. Louis BARD, écrites dans le dialecte de Nîmes, qui diffère peu de celui d'Avignon, ont paru dans l'*Armana prouvençau* et autres publications méridionales.

TEMPS PASSÉ
TÈMS PASSAT

D'APRÈS M. ACHILLE MIR [1]

(LANGUEDOC)

ARMANA PROUVENÇAU DE 1875

Au bon temps des aïeux, toute une maisonnée,
Près d'un feu rougissant crémaillère et chenets,
S'assemblait, dans l'hiver, pour passer la veillée,
Gaîment, innocemment, sans soucis inquiets.

Les parents, qu'animait une amitié pareille,
Se joignant aux voisins, conversaient d'un cœur franc :
Et, l'esprit réjoui, du bon jus de la treille
S'arrosaient le gosier, pour conserver l'élan.

Les vieillards, réchauffés dessous les cheminées,
Un pied sur l'escabeau, l'autre sur les tisons,
Redisaient les combats de leurs jeunes années,
Et racontaient leur gloire à leurs petits garçons.

Un même lumignon éclairant fille et mère,
Toutes tenaient l'aiguille aux doigts, tricotant tard ;
Et, quand un beau galant visitait la chaumière,
Les promis, devant tous, se courtisaient à part.

Pour faire réveillon, dans la grande tourrière
Les châtaignes bien fort pétillaient en grillant,
Et, pour les digérer, la dame-jeanne entière
De vin, par petits coups, y passait bien souvent.

Quand dix heures sonnaient, finissait la soirée ;
On se cotisait pour le prochain carnaval.
Le lendemain, dès l'aube, en toute la contrée
Chacun était à l'œuvre, et rien n'allait plus mal.

Mais, avant le sommeil, la famille nombreuse,
A genoux, mains en croix, implorait le Seigneur ;
Et le Père du Ciel, de sa main généreuse,
La bénissait et lui donnait paix et bonheur.

Temps de simplicité, de joie et d'innocence :
Il ne te connait plus, mon pays bien-aimé !
Chacun fait bande à part. L'orgueil, la méfiance
Et l'amour de l'argent ont tout envenimé !

---

[1] Les poésies de M. Achille Mir forment un volume intitulé : *La cansou de la Lauseto* (La chanson de l'Alouette). Ce félibre a aussi composé un conte, ou mieux un petit poème comique, en prose languedocienne, qui a pour titre : *Lou Lutrin de Ladèr* (Le Lutrin de Lader).

LA BOHÉMIENNE
LA BOUMIANO
(LANGUEDOC)
D'APRÈS M. CAMILLE LAFORGUE
REVUE DES LANGUES ROMANES, MAI-JUIN 1878

— Viens sans crainte, viens, fillette ;
Laisse là ta faucillette ;
Donne-moi ta main blanchette :
J'y lirai si ton destin
Sera bonheur ou chagrin,
Et si ton cœur fait tintin.

— O bonne bohémienne !
Tiens, prends ma main dans la tienne,

Regardes-en les contours ;
Dis-moi si, dans son absence,
Mon amoureux à moi pense ;
Dis-moi s'il m'aime toujours.

— Ton étoile, aimable fille,
Dans un horizon d'or brille,
Comme une perle scintille :
Tu vivras chère aux amours,
Dans les plus riches atours,
Dans la soie et le velours.

— O bonne bohémienne !
Si ta science est certaine,
Laisse-là l'horizon d'or ;
Mais dis-moi si, dans l'absence,
Mon amoureux à moi pense :
Oh ! dis-moi s'il m'aime encor.

— Jeune fille, cette veine
De sang vermeil toute pleine
Ne t'annonce que grandeurs.
Comme une reine, honorée,
Tu te verras entourée
De valets et de flatteurs.

— Savante bohémienne !
Si ta science est certaine,
Ne parle point de grandeur.
Dis plutôt si, dans l'absence,

Mon amoureux à moi pense,
Et s'il me garde son cœur.

— Jeune fille, cette ligne
Toute blanche est un bon signe,
Et tu vivras bien longtemps.
Ta vieillesse sera belle,
O ma douce jouvencelle,
Comme une rose au printemps.

— Savante bohémienne !
Si ta science est certaine,
Laisse, laisse les longs jours.
Mais dis donc si, dans l'absence,
Mon amoureux à moi pense ;
Dis-le : m'aime-t-il toujours ?

— Pauvre fille, ma science
N'a pas autant de puissance.
Je te plains dans tes ennuis ;
Mais, de ton âme affligée,
Je ne puis, ma désolée,
Faire cesser les soucis.

— Va-t'en donc, bohémienne !
Ta science fausse et vaine
Ne promet que des honneurs ;
Et je n'ai pas d'autre envie

Que de consacrer ma vie
A qui fait couler mes pleurs.

---

[1] Les poésies languedociennes de M. Camille LAFORGUE ont généralement paru dans la *Revue des Langues romanes*, et quelques-unes, comme celle dont nous donnons ci-dessus la traduction, ont été imprimées à part.

LA VIREDONE
LA VIRADONA
(LANGUEDOC)
D'APRÈS M. Alexandre LANGLADE [1]
REVUE DES LANGUES ROMANES, JUILLET 1873

A la base des côteaux,
Et près les riches carrières
Donnant de si belles pierres
Pour bâtir palais, châteaux ;
Du roc où le marteau tinte,
Une onde fraîche suinte,
Qui semble, brillant d'aval,
Une coupe de cristal.
Là, de Saint-Geniès, les filles,
En hiver sous leurs mantilles,
Et, l'été, dans les jours chauds,
Sous leurs grands et blancs chapeaux,

Toujours joyeuses, coquettes,
Le rire sur leurs bouchettes,
Si Dieu veut, le matin vont
Pour y remplir leur cruchon.
Légèrement et sans peine,
Elles font plonger la chaîne
D'un levier au bras géant
Et qui manœuvre en grinçant.
De l'eau fraîchement tirée,
On avale une gorgée,
On se mire un peu dans l'eau,
Et l'on part avec son seau.
Amoureux, comme amoureuses,
Eux craintifs, elles honteuses,
Cherchent pourtant, au retour,
A parler un peu d'amour.
La belle — voyez la ruse ! —
A sa cruche pour excuse.
Et qui gronder, si souvent,
La nuit vient qui les surprend ?
On est si bien sur l'herbette !
Beau garçon, jeune fillette,
On s'aime, on n'a que seize ans,
Et vite passe le temps !...
Soucis, fatigue, tristesse...
Vous oubliez tout, jeunesse...
A mon âge parvenus,
La nuit ne vous prendra plus.

Alors, perdant souvenance
Des amours de la jouvence,
Donnez au moins des regrets
A la source aux flots si frais,
A son ombre bienfaisante
Qu'aime la vieillesse lente,
Comme la jeunesse ardente,
A la Viredone, enfin,
Qui s'enfuit dans le lointain.

---

[1] Les poésies languedociennes de M. Alexandre LANGLADE, telles que *La Viredona, Lou Garda-mas, Lou Las d'amour*, etc., ont presque toutes paru dans la *Revue des Langues romanes*.

M. Langlade a aussi écrit une comédie languedocienne : *Lous Guindous* (Les Dindons).

UNE FLEUR DE MAI
UNO FLOU MAIENCO
(LANGUEDOC)

D'APRÈS M. JUNIOR SANS [1]

BÈIT TELADOS (HUIT TISSUS)

Félibre, écris pour moi ! — Que veux-tu que j'écrive !
Tu t'es assez mirée, et tu t'en souviens bien.
Que veux-tu donc encor ? d'où vient ta plainte vive ?
Va, ton miroir t'a dit qu'il ne te manque rien !

A la fleur de ton âge, ô ma belle mignonne !
Toute pleine de goût, et de grâce, et de biais,
Fraîche comme un rosier qui tout juste boutonne,
Va, ton miroir t'a dit, douce enfant, que tu plais.

Toi, pleine d'avenance, et gaie et souriante,
Bienveillante, éveillée et d'un bon naturel,
Pourquoi te chagriner, et quoi donc te tourmente ?
Va, ton miroir l'a dit : ton bonheur est réel.

Toi, pure comme l'eau, d'une aimable figure,
Gentille comme un sou, possédant des doigts d'or,
Que peut-il donc manquer à ta riche nature ?
Belle, dans ton miroir sache voir un trésor !

Que souhaites-tu donc, ô ma chère Héloïse ?
Les étangs ou la mer qu'admire ton regard ?
Des faveurs qu'en ce monde entre tous il divise,
Dieu, ton miroir le dit, t'a fait ta large part.

Ecris pour moi, félibre ! — Eh bien, je suis sincère :
Que faut-il que j'écrive ? — Oh ! ce que tu voudras !...
Veux-tu que je te cherche un amoureux, ma chère ?
Ton miroir te le dit : tu n'en manqueras pas !

Par mon miroir je ne puis être soulagée :
Il ne me rendra pas l'objet de ma douleur ;
Quand je le percerais des yeux, pauvre affligée,
Je n'y pourrai plus voir ce qui manque à mon cœur.

Oh ! je sais maintenant ce que ton cœur regrette :
C'est cette noble femme à qui tu dois le jour !...
Mais de ta glace, hélas ! la surface si nette
Ne peut plus désormais l'offrir à ton amour !...

Non ! tu ne verras plus ta sainte et pauvre mère !...
Son voyage ici-bas s'est achevé trop tôt !...
Et te laissant, enfant, orpheline sur terre,
Sous ce tertre elle dort, mais son âme est là-haut ?

---

[1] Les poésies languedociennes de M. Junior Sans, écrites dans le dialecte de Béziers, ont paru dans la *Revue des Langues romanes*, l'*Armana prouvençau*, ou ont été imprimées à part.

LE PAYSAN
POUR MON ENTRÉE A LA SOCIÉTÉ DES LANGUES ROMANES
LOU PAISAN
Pèr moun intrado à la Soucietat de las Lengos roumanos
(LANGUEDOC)
D'APRÈS M. JEAN LAURÈS
« LOU CAMPÈSTRE [1] »

Amis, je veux parler avec franchise :
Vous m'avez cru bien plus que je ne suis ;
Et, sans détour, il faut que je vous dise
Que, mauvais clerc, hélas ! bien peu je puis.

Si donc je monte avec vous dans la barque
Que vous allez savamment conduisant,
N'ayant point lu Cicéron ni Plutarque,
Que ferez-vous d'un pauvre paysan ?

Vous explorez et le ciel et la terre.
La terre m'a par mes soins obéi ;
Mais, quand au sol j'aurai bien fait la guerre,
Qui sera sot, si j'y vois Pompéi ?...
Pour vous, au moins, marne, grès ou calcaire,
Vous les nommez, rien qu'en les soupesant ;
Mais pour moi tout est énigme ou mystère,
Car je ne suis qu'un pauvre paysan.

Vos forts esprits avec ardeur explorent,
Comme je fais pour le menu millet,
Les parchemins que les mites dévorent :
Par vous revit tout un passé muet.
Ces grands travaux sont une belle chose :
Vous instruisez tout en nous amusant ;
Mais votre tête au savoir n'est pas close,
Comme l'est le cerveau d'un paysan.

Pommes de terre anciennes et nouvelles
Formaient jadis un légume commun ;
Vous les triez : mais nos langues jumelles,
Nos doux parlers alors n'en faisaient qu'un.
Le verbe humain a le mal de la graine ;
Elle s'altère en se dépaysant.

Oh ! rendez-nous notre langue romaine,
Et vous serez bénis du paysan.

Oui, votre tâche est noble, belle et rude ;
Car chaque mot aux aïeux emprunté
Est un présent fait à la multitude :
Nœud pour les cœurs, pour les esprits clarté.
Aujourd'hui donc parmi vous je m'enrôle,
En prenant place au banquet bienfaisant ;
Et, s'il lui manque encore un peu d'école,
Il va s'instruire ici, le paysan.

[1] *Lou Campestre* (Les Champs) : tel est le titre du recueil des poésies languedociennes de M. Jean Laurès, qui sont regardées, par Frédéric Mistral, comme écrites dans le plus pur dialecte biterrois.

A L'AUTRE
A L'AUTRO
D'APRÈS M. CHARLES GLEYSE [1]

(LANGUEDOC)

ARMANA PROUVENÇAU DE 1871

Tu ne veux plus parler, tu ne veux plus sourire
A cet ingrat : tu veux l'oublier pour toujours ;
    Car, en un moment de délire,
    Il te trompa, toi, ses amours.

Certes, tu ferais bien...... mais s'il était possible,
Belle, de se guérir du mal que l'amour fait,
      Et si quelque remords pénible
      En songe ne le rappelait.

Les premiers mots d'amour, les premières caresses,
Les premiers mouvements du cœur et de l'esprit,
      Les premiers élans de tendresse,
      Dans les songes tout est écrit.

Elle veut pardonner alors, l'âme ravie,
Tant lui paraissent beaux les jours évanouis !
      S'aimer, vivre à deux, c'est la vie ;
      Oh ! oui, la vie en Paradis !

En vain, dans son courroux, cette âme désolée,
Prodigue ses dédains à son amant trompeur.
      Par la passion aveuglée,
      De l'homme s'accroît la fureur.

Et toi-même, Lison, souffrant de cet outrage,
Pleurant comme un enfant, et, dans ton abandon,
      Tu n'as pourtant pour ton volage,
      Au fond du cœur que le pardon

Ta fierté, par moments, veut reprendre sa place,
Et tu veux rester sourde à la voix des amours ;
      Tu luttes en vain ; bientôt lasse,
      Tu pleures !.... ce sera toujours.

Oui, ce sera toujours. Quand tu serais la femme,
D'un autre que, pour sûr, jamais tu n'aimerais,
  Toujours serait triste ton âme,
  Et de regret tu gémirais.

Oui, ce sera toujours. Quand tu deviendrais mère,
A peine aimerais-tu tes plus jolis enfants,
  Sachant qu'il n'en est pas le père,
  Celui qui cause tes tourments.

Oui, ce sera toujours. Même au dernier voyage,
Tu redirais encor : la vie est un essai
  Où fortune, enfants, mariage,
  Sans amour n'offrent rien de vrai.

Lise, si tu m'en crois, redonne donc ton âme
A celui qui revient à toi, tout repentant;
  Allons, tu sais quelle est sa flamme :
  Pitié pour le pauvre inconstant !

---

[1] C'est dans l'*Armana prouvençau*, ou dans d'autres publications méridionales, qu'ont paru les poésies de M. Charles GLEYSE.

LA GRANGIÈRE
LA GRANGIEIRO
(LANGUEDOC)
D'APRÈS M. CLAIR GLEIZES [1]
ARMANA PROUVENÇAU DE 1876

Au plein soleil qui, dans le val,
Fait fumer l'eau, bruire l'herbe,
Quand la jouvencelle superbe
Passe au galop de son cheval,

On croit, dans nos champs de poherbe [2]
Ses cheveux roux volant d'aval,
Voir celle qu'aima Miraval,
Dame Alaïde de Ménerbe,

Pour Causse, avec deux lévriers,
Chassant les cerfs, les sangliers,
Sur son fier andalous qui rue.

Eh bien!... C'est la grangière Annil
Au forgeron du Cambaril
Portant le soc de sa charrue.

---

[1] M. Clair GLEIZES écrit ordinairement ses poésies en dialecte languedocien, mais il en a aussi composé en dialecte provençal des bords du Rhône. Les unes et les autres ont paru dans l'*Armana prouvençau* et autres recueils méridionaux.

[2] Poherbe ou Paturin (*Poa annua*. Linn.), sorte de graminée.

LES YEUX
LOUS QUINQUETS
(LANGUEDOC)
D'après M. Melchior BARTHÈS [1]
FLOURETOS DE MONTAGNO

A MONSIEUR ÉMILE NEGRIN
POÈTE AVEUGLE, A NICE

Je veux t'enseigner un remède
Qui de l'ennui te sauvera ;
C'est un secret que je possède :
Je pense, ami, qu'il te plaira.

Charmants sont les vers de Delille,
Quoi qu'en disent les envieux ;
Il fut l'émule de Virgile :
Pourtant, il fut veuf de ses yeux [2].

Heureux, tu reçus en partage
La riche imagination !
Poète, fais-en bon usage :
C'est là ta consolation.

Homère, le chantre d'Ulysse,
Célébra Pergame et les Dieux ;
À son génie on rend justice :
Pourtant, il fut veuf de ses yeux.

Les yeux ne font pas le poète :
Tel clairvoyant toujours faux vit,
Tandis que l'aveugle en sa tête
A bien souvent beaucoup d'esprit.

Le grand Milton dut, de son livre,
Dicter les vers majestueux.
Son *Paradis* le fera vivre :
Pourtant, il fut veuf de ses yeux.

Si, sans force, sont tes prunelles,
Pour toi la France a des lauriers
Et des couronnes d'immortelles
Dont seraient fiers tes devanciers.

Un jour, environné de gloire,
Et ton nom devenu fameux
Etant consacré par l'histoire,
Au ciel se rouvriront tes yeux.

---

[1] Outre son volume de poésies languedociennes, *Flouretos de Mountagno* (Fleurettes de Montagne), le félibre Melchior Barthès a écrit *Lou Plaidejaire* (Le Plaideur), comédie en cinq actes, parue dans la *Revue des Langues romanes* (juillet-septembre 1878). — M. Melchior Barthès a écrit aussi des ouvrages de botanique, spécialement sur la flore du Languedoc, ce qui justifie le titre qu'il a donné à son recueil de poésies néo-romanes.

[2] La rédaction de cette strophe prouve assez que le poète a voulu parler de Jacques Delille, le traducteur de *l'Énéide* et des *Géorgiques*.

F. D.

L'ANTIQUE CARCASSONNE
LE TROUBADOUR
L'ANTIC CARCASSOUNO
LOU TROUBADOUR

D'après M. Paul Gourdou [1]

journal « lou brusc », du 30 janvier 1881

Dans sa Cité, jadis, on voyait seigneuresses,
Comtes, nobles barons, chevaliers valeureux,
Châtelaines encore, orgueilleuses maîtresses,
Et le gai Troubadour aux chants si généreux.

Et lorsque les guerriers, s'arrachant aux caresses,
Couraient vers les remparts, les regards pleins de feux,
Quand le sang, en coulant, faisait de longues tresses
Sur le chemin de ronde étroit et poussiéreux,

Lui, s'armant de son luth, seul dans la citadelle
Que l'envie entraînait à sa perte éternelle,
Il jouait, l'inspiré, sous l'orme de sa cour ;

Et, pour intéresser à sa tendre romance,
Il chantait la vertu, le bonheur de la France,
Et l'ineffable attrait d'un véritable amour.

[1] M. Paul Gourdou, d'Alzonne (Aude), près Carcassonne, écrit ses poésies en dialecte languedocien de cette région. Il en a paru dans l'*Armana prouvençau* et le journal *Lou Brusc*. Ce félibre vient de publier un drame patriotique, en vers languedociens, ayant pour titre : *Anfos* (Alphonse); Aix, Imprimerie provençale. Il tient aussi en préparation divers poèmes ou recueils de poésies languedociennes.

QUELQUES TRADUCTIONS

D'APRÈS

DES POÈTES ANTÉRIEURS AU FÉLIBRIGE

SONNET

ADRESSÉ PAR BELAUD DE LA BELAUDIÈRE A SES AMIS DE PROVENCE, TIRÉ DE SES *OBROS ET RIMOS*, ET TRADUIT EN FRANÇAIS DU XVIe SIÈCLE.

Ny compere Ronsard, ny le cousin Jodelle,
Ny l'oncle Dubellay, ny Messir Pomponnet
Enclore ne sçauroient la longue ribambelle
De mes parents, amis, dans l'estroit d'un sonnet.

Puis, quand ils se voudroient fastiguer la ceruelle,
Ils ne pourroient iamais les y tous mettre au net;
Pour les y voir ainsi qu'au fond d'une escuelle,
Ils jeteroient au feu, papier, encre, bonnet.

Je viens donc vous prier, mes amis de Provence,
Et vous tous qui restez par delà la Durance,
De ne vous fascher point si ma muse ne mit

Tous vos chers noms dans mes sonnets de l'autre année.
Il est bien mal aisé de ranger sa fournée,
Lorsque le malheur veut que le four soit petit.

J.-T. Bory commence ainsi sa préface de l'*Abeilho prouvençalo* de 1858 :

« Les derniers chants du dernier troubadour avaient cessé de
« retentir depuis plus de cent ans, lorsqu'un gentilhomme de
« Grasse, adonné au métier des armes, vint, en plein XVIe siècle,
« faire revivre et remettre en honneur la poésie provençale. Né
« en 1532, Louis Belaud de la Belaudière commença à composer
« des sonnets dès l'âge de dix ans, et il versifiait encore en 1588,
« au moment où une mort subite et prématurée le ravit au
« cercle joyeux des *Bons Arquins* de la Provence, dont il avait
« été si longtemps le boute-en-train. »

BELAUD DE LA BELAUDIÈRE inaugure, en effet, ce que nous appellerons : *la première Renaissance de la littérature provençale.*

Ses œuvres furent publiées par les soins de son oncle d'alliance, le chevalier Pierre Paul, et éditées aux frais de Louis, viguier d'Aix, et de Charles Casaulx, premier consul de Marseille. Cette belle édition, la seule qui existe jusqu'à ce jour, est devenue extrêmement rare ; cependant, la Bibliothèque nationale, à Paris, en possède trois exemplaires. Elle est postérieure de sept années à la mort de Belaud, car elle date de 1595. Elle sortit des presses de la première imprimerie qui fut établie à Marseille par Pierre Mascaron, grand-père du prédicateur Jules Mascaron, devenu, sous Louis XIV, évêque de Tulle, puis d'Agen.

Les œuvres de Louis Belaud comprennent trois principales parties : 1° les *Obros et Rimos*, recueil de poésies diverses, et surtout de sonnets ; 2° *Lou Don-Don infernau*, poème composé par Belaud, tandis qu'il était en prison pour quelque incartade de jeunesse ; 3° *Lous Passatèns*, autre recueil de poésies diverses. La plupart de ces poésies sont provençales ;

mais, parmi elles, se trouvent quelques poésies françaises de Belaud, qui peuvent soutenir la comparaison avec celles de Marot et de Ronsard, ses contemporains.

Dans cette édition, l'œuvre de Belaud est précédée de pièces liminaires, composées en l'honneur et à la mémoire de Belaud, par les poètes de son temps, et parmi lesquelles nous citerons spécialement quelques poésies françaises très-élégantes de la de la célèbre Marseille d'Altovitis. L'œuvre de Belaud est suivie, dans ce même volume, des poésies de Pierre Paul, que celui-ci a intitulées *Barbouillados et Phantaziès journalieros*.

Une réimpression de l'édition de 1595, ou tout au moins des œuvres de Belaud de la Belaudière, d'un prix accessible, serait indispensable. On dit que la ville de Grasse se propose de la faire. Si elle met ce projet à exécution, ce sera non-seulement un monument qu'elle élèvera à la gloire de l'un de ses plus illustres enfants, mais encore un grand service qu'elle rendra aux amis de la littérature provençale.

On prête le même projet à un noble étranger, tout provençal par le cœur et par ses œuvres poétiques néo-romanes, et qui, dit-on, a fait tirer une copie de l'édition de 1595. De quelque côté que vienne une aussi heureuse initiative, elle est assurée d'avance de l'accueil empressé et reconnaissant de tous les provençalisants.

Louis Belaud de la Belaudière peut donc être regardé comme le père de la première Renaissance de la littérature provençale, période qui dure depuis le milieu du XVIe siècle jusqu'au milieu du siècle actuel, c'est-à-dire jusqu'à la fondation du Félibrige, en 1854.

Cette durée de trois siècles présente des écrivains de mérite, parmi lesquels nous citerons :

Au XVIe siècle : le chevalier Pierre Paul, de Salon ; Robert Ruffi, de Marseille ; Auger Gaillard, dit le *Roudié de Rabastens*, né dans l'Albigeois ;

Au XVIIe siècle : Claude Brueys, Gaspard Zerbin, Tronc de Codolet, le célèbre noëliste Nicolas Saboly, Pierre de Galaup-Chasteuil : provençaux ; — Jacques Roudil, Pierre Goudelin ou Goudouli : languedociens ; — Cyprien Despourrins : béarnais ;

Au XVIII° siècle : Jean de Cabannes, Bernard Royer, Toussaint Gros, J.-B. Coye, l'abbé Domergue, le père Michel-Ange Marin, l'abbé Thobert, Antoine Peyrol, J.-B. Germain, Etienne Pélabon : provençaux ; — Nicolas Fizes et le célèbre abbé Fabre ou Favre, l'auteur du *Siége de Caderoussa* et du *Sermoun de moussu Sistre* : languedociens.

Enfin, dans la première moitié du XIX° siècle, c'est-à-dire avant le Félibrige : Diouloufet, Bénédit, Hyacinthe Morel, Pierre Bellot, Gelu, Desanat, Fortuné Chailan : provençaux ; — Mathieu Lacroix, Benoît Gaussinel : languedociens ; — Peyrottes : limousin.

Et cependant, malgré tant de noms recommandables, et quelques-uns célèbres, on doit reconnaître que cette période a été, dans son ensemble, une époque de décadence. A quelques honorables exceptions près, les écrivains, surtout à mesure qu'on se rapproche du Félibrige, laissent s'altérer à la fois et leur langue et leurs œuvres. Pour la langue, elle va s'abâtardissant, parce qu'on y accueille sans contrôle une multitude de mots français auxquels on se borne à donner une terminaison provençale ; et chaque écrivain, d ailleurs, a son orthographe à lui. Et, pour les œuvres, on se montre de même peu soucieux du choix et de la bienséance des sujets, comme du bon goût dans la manière de les traiter.

L'honneur du Félibrige, avec lequel commence donc *la seconde Renaissance provençale*, est d'avoir arrêté ce travail de décomposition. On s'y applique à épurer la langue, en la débarrassant des gallicismes et de tous les mots parasites qui s'y étaient introduits, et en ramenant sa syntaxe et son orthographe, autant que le permet la différence des temps, à celles de la belle époque des Troubadours. Quant au fond même des œuvres, tout en laissant à chaque écrivain sa tournure d'esprit, son génie particulier, les Félibres s'attachent à bannir de leurs œuvres toutes ces conceptions malsaines, tous ces sujets et ces expressions équivoques, que la dignité des lettres et la morale même la plus indulgente réprouvent, et qui ont trop longtemps jeté la déconsidération sur la littérature méridionale. Mais, en même temps, ils sont loin de s'interdire, toutes les fois qu'elle est de mise, la vieille gaîté provençale, précieux héritage qu'ils ont reçu de leurs devanciers, et qu'ils se gardent bien de répudier.

Le Félibrige, on le voit, poursuit donc un double but, et il n'en poursuit point d'autre : maintien et perfectionnement de la langue des aïeux, moralisation des œuvres. Jusqu'à ce jour, on ne saurait nier qu'il ait dignement rempli cette double mission; et l'on peut dire avec vérité que, grâce aux efforts de ses poètes et de ses prosateurs, la littérature provençale a aujourd'hui honorablement conquis sa place dans la littérature de la France. Des publications qui se préparent à l'étranger, et où, dans les mêmes volumes, des poésies provençales figureront à côté des meilleures poésies françaises contemporaines, viendront bientôt attester l'exactitude de nos affirmations.

DIALOGUE
ENTRE SAINT JOSEPH ET L'HOTELIER
DIALOGO
DE SANT JOUSÉ EMÉ L'OSTE
NOEL
D'APRÈS NICOLAS SABOLY [1]
RECUEILS DIVERS DE SES NOELS

Air : *Hòu! de l'oustau!* — Musique de Nicolas SABOLY

SAINT JOSEPH

Hé! du logis, maître, maîtresse,
Valets, chambrières, enfants!
Je frappe depuis bien longtemps,
Et nul ne vient. Quelle rudesse!

9.

L'HÔTELIER

Déjà, trois fois je sors du lit ;
Pour sûr, je ne dormirai guère.
Qui frappe en bas ? d'où vient ce bruit ?
Que voulez-vous ? que faut-il faire ?

SAINT JOSEPH

Bon aubergiste, à mon appel
Ne rendez pas sourde votre âme,
Et logez-nous dans votre hôtel,
Moi seulement avec ma femme.

L'HÔTELIER

Batteurs d'estrade, vagabonds,
Allez-vous en à la male heure !
A rien de bien vous n'êtes bons.
Je n'ouvrirai pas ma demeure.

SAINT JOSEPH

Hôtelier, vous vous abusez :
Nazareth est notre patrie ;
Je suis le charpentier Joseph ;
Ma femme s'appelle Marie.

L'HÔTELIER

De monde est pleine ma maison ;
Allez ailleurs chercher fortune.
Et demandez, mon compagnon,
Plus loin, l'auberge de la Lune.

SAINT JOSEPH

Mettez-nous dans un galetas,
Mais que de ce froid on nous ôte,
Et nous payerons nos repas
Comme on les paye à table d'hôte.

L'HÔTELIER

Votre souper sera mal cuit,
Le pain rassis, la viande crue.
Je crois qu'il vous faut, cette nuit,
Par force coucher dans la rue !

SAINT JOSEPH

Le ciel est sombre et le vent froid :
Ah ! traitez-nous d'une autre sorte !
Demain, chassés de votre toit,
Nous serions morts devant la porte.

L'HÔTELIER

Votre femme me fait pitié,
Et me rend pour vous plus affable ;
Je vous permets, par charité,
D'entrer dans cette pauvre étable.

---

[1] Nicolas SABOLY (en provençal, *Micoulau Saboly*), célèbre noëliste provençal, né en 1614, à Monteux, près Carpentras (Vaucluse), bénéficier et maître de musique de Saint-Pierre d'Avignon, mourut dans cette ville, en 1675.

Nicolas Saboly peut être regardé non-seulement comme le plus illustre écrivain de la première Renaissance poétique de la Provence, mais encore comme l'une des gloires les plus pures de sa littérature à toutes les époques.

CHANSON
CANSOU
(BÉARN)

D'APRÈS CYPRIEN DESPOURRINS
POÉSIES BÉARNAISES (*Édition Vignancour*)

Eh quoi ! poulette,
Ton cœur léger
Veut d'amourette
Déjà changer !

Je t'avais prise
A mon foyer ;
Là, tu t'es mise
A t'ennuyer.

Te trouvant belle,
Moi, je t'aimais ;
J'étais fidèle,
Tu me trompais.

Les beaux visages
Sont inconstants :
Tels que nuages
Ils sont changeants.

Comme la chatte
Guette les rats,

La fille ingrate
Nous trompe, hélas !

Sa foi vantée,
Sable mouvant,
Est emportée
Au moindre vent.

A ces eaux douces
Ne vous fiez :
Dans les plus rousses
Vous vous noyez.

Adieu, tigresse !
Qu'on soit pour toi,
Ce que traîtresse
Tu fus pour moi !

---

[1] Cyprien Despourrins, né en 1698, au château d'Accous, dans la vallée d'Aspe (Basses-Pyrénées), est auteur des *Chants*, en dialecte du Béarn, dont il composa lui-même les airs, et qui ont conservé leur popularité dans les vallées et sur les pentes des Pyrénées. Ses biographes n'indiquent pas la date de sa mort, mais il versifiait encore postérieurement à l'année 1746. La plupart des chants de Despourrins sont inédits ; cependant, on en trouve quelques-uns dans les *Estrées* (étrennes) *béarnaises*, Pau, 1820, et dans les *Poésies béarnaises*, édition Vignancour, Pau, 2 vol. in-8°, 1852-1860.

LA ROMANCE DU CHIEN
LA ROUMANÇO DOU CHIN
D'APRÈS FEU HYACINTHE MOREL [1]
LOU GALOUBET : LI CANSOUN

Ma romance souvent chantée
A le chien Grigri pour auteur :
Dans ses doux yeux je l'ai trouvée,
Et je n'en suis que l'éditeur.

Il dirige, bête fidèle,
Un pauvre aveugle en cheveux blancs,
Et, du vieillard, une ficelle
Gouverne les pas chancelants.

Autour du peuple qui se groupe,
Grigri marche d'un air piteux ;
Il tient dans ses dents une coupe
Qui vous réclame un sol ou deux.

Mais ce sont ses couplets si tendres
Qu'il faut lire dans son regard !
Voici comment j'ai su les rendre ;
Ecoutez-les, il n'est pas tard :

« Ah ! donnez, âme charitable,
Prêtez secours au pauvre vieux !
Il n'y voit pas, le misérable ;
Mais quelqu'un vous voit dans les cieux ! »

D'une manière délicate,
Le chien, rempli d'émotion,
Au ciel ici lève la patte...
Mais, reprenons notre chanson :

« Il m'a choyé dans mon enfance,
Il m'a nourri... Pauvre j'étais !
Quelle serait mon allégeance,
Si, par vous, je le nourrissais !

« Où serait la nature altière
Qui ne plaindrait pas la douleur
D'un malheureux qui, sur la terre,
N'a que son chien pour protecteur !

« Bonnes gens, je vous recommande
A mon maître d'ouvrir la main.
C'est pour lui seul que je demande :
Avant lui je n'ai jamais faim !...

« Pauvre ami, ton heure s'avance ;
Mon Dieu ! qu'il me fera défaut !
Mais alors, ma seule espérance
Est de mourir sur son tombeau ! »

---

[1] Hyacinthe MOREL naquit à Avignon en 1756, et y mourut en 1829. Il fut, sous le premier Empire, professeur de rhétorique au lycée d'Avignon, et y eut pour élève l'académicien Mignet. Hyacinthe Morel publia, dans les recueils littéraires d'avant la Révolution, *le Mercure de France*, *l'Almanach des Muses*, etc., beaucoup de poésies françaises qui lui valurent les éloges de La Harpe et de Jacques Delille, mais qui sont aujourd'hui ou-

bliées. Le titre le plus réel de gloire de ce poète est son recueil de poésies provençales, intitulé *Lou Galoubet*, auquel souscrivirent, lors de sa publication, toutes les bonnes familles d'Avignon, et qui a été réédité, suivant l'orthographe des félibres, et avec une préface biographique sur H. Morel, par MM. Mistral et Roumanille; Avignon, in-12, 1862.

MARSEILLE
MARSEILLO
(GASCOGNE)
D'APRÈS FEU JACQUES JASMIN [1]
LAS PAPILLOTOS

Troubadour pèlerin, marchant l'été, l'hiver,
J'ai vu fleurir partout des villes sur leurs trônes,
Mais qui ne se miraient qu'aux eaux de leurs Garonnes,
  Et moi je voulais voir la Mer...

Marseille, je l'ai vue, et l'ai vue à ta porte;
Et le mistral soufflait... J'ai compris, de ce lieu,
En te voyant si fière, en la voyant si forte,
Et l'audace de l'homme et la grandeur de Dieu !

Ces flots tumultueux ne savent où se mettre;
Les braver, cependant, tu sus te le promettre;
Et, depuis trois mille ans, ils meurtrissent tes pieds !
Serait-ce que le Ciel eût voulu te permettre
De les tenir, Marseille, à jamais prisonniers ?

Une ville jadis s'étendait riche et fière
Au pied d'un roc fumant où les flammes couvaient ;
Mais les flammes, un jour, s'élançant du cratère,
Devinrent des torrents de feu qui ruisselaient.
Sous leurs cendres la ville alors fut étouffée,
Et, depuis, elle dort, par leur poids écrasée.

Quand le mistral se bat avec les quatre vents,
Toi, tu ne trembles pas ; et, quand gronde l'orage,
Tu laisses osciller tes mille bâtiments.
Quand la mer s'amoncelle à toucher le nuage,
Qu'elle vient de la rive assaillir chaque coin,
Tu lui dis fièrement, sans changer de visage :
Tu peux trouer mes pieds... tu n'iras pas plus loin !

Sur tes places aussi tout l'univers s'assemble ;
L'or y pleut pour tes fils, pour les grands commerçants;
Ta ville est en travail, et tu sais tout ensemble
Aplanir les rochers, bâtir des monuments.
De fleurs, de rossignols tes campagnes sont pleines ;
Ton soleil est plus beau que les autres soleils ;
Les artistes, chez toi, se comptent par centaines,
Et tes gais troubadours aux plus grands sont pareils !

Ma muse te salue, ô Marseille ! Marseille !
Courageuse lionne, industrieuse abeille.
Que ton double drapeau te montre à l'univers,
Princesse sur la terre et reine sur les mers !!

¹ Le poète Jacques Jasmin, qui fut coiffeur à Agen, y naquit en 1798, et y mourut en 1864. Ses poésies, écrites en dialecte gascon, et qu'il a publiées sous le titre général *Las Papillotos*, sont nombreuses, car elles forment quatre volumes in-8°. Parmi ces œuvres, on doit surtout citer bon nombre de charmants poèmes, tels que *Lou Chalibari* (Le Charivari), *Lou Tres de Mai* (Le Trois Mai), *L'Abuglo de Castèl-Cuillé* (L'Aveugle de Castel-Cuillé), *Françouneto* (Françonnette), *Ma Bigno* (Ma Vigne), *Lous Dus Frays bessous* (Les Deux Frères jumeaux), *La Semmano d'un fil* (La Semaine d'un fils), *Maltro l'innoucento* (Marthe la folle), *Mous Noubèls Soubenis* (Mes Nouveaux Souvenirs), etc. Jasmin a aussi composé quelques poésies françaises, parmi lesquelles des chansons, des épîtres, et un poème intitulé *Hélène ou Amour et Poésie*.

FIN

TABLE

DES PIÈCES CONTENUES DANS CE VOLUME, CLASSÉES SOUS LES NOMS DE LEURS AUTEURS RANGÉS PAR ORDRE ALPHABÉTIQUE.

   Pages

Antoinette de Beaucaire (Mlle).
La Chute des feuilles (*La Toumbado di fueio*)...... 115
La Vision (*L'Oumbro*)........................ 118
A ma Montre (*A ma Mostro*).................... 119
Sacrifice (*Sacrifice*)... 120
Vincent (*Vincèn*)............................ 121

Arène (Paul).
Font-Frédière (*Font-Frediero*)................. 145

Arnavielle (Albert).
Sur l'Album de Mlle... (*Sus l'Album de Mlle...*).... 262
Le Calendal (*Lou Calendau*).................... 264

Artou.
Le Saucisson d'Arles (*Lou Saussissot d'Arle*)...... 226

Astruc (Louis).
La Lionne (*La Leiouno*)....................... 160
Insouciance (*Inchaiènço*)...................... 164
Sur le Pont d'Avignon (*Sus lou Pont d'Avignoun*).. 167

Aubanel (Théodore).
Le Voyage (*Lou Viage*)........................ 34
L'Arbre de la Croix (*L'Aubre de la Crous*)......... 36
Le Crépuscule du soir à Arles (*Lou Calabrun en Arle*)... 37

	Pages
Aubert (L'abbé).	
La Rouquetière (*La Rouquetiero*)...............	174
Autheman (André).	
L'Olivier (*L'Oulivié*)...........................	211
Azaïs (Gabriel).	
Sur les rives de la Sorgue (*Au ribas de la Sorgo*)..	246
L'Assiettée d'huîtres (*La Sietado de peloustious*)....	248
Bard (Louis).	
Mon Rameau (*Moun Rampau*).....................	272
Barthès (Melchior).	
Les Yeux (*Lous Quinquets*).....................	289
Bayle (L'abbé).	
Le Pays bienheureux (*Lou Païs benurous*).........	177
Belaud de la Belaudière (Louis)	
Sonnet..	293
Berluc-Perussis (Léon de) — **A. de Gagnaud**.	
Le Pain d'amour (*Lou Pan d'amour*).............	93
Pour le baptême du petit Félibre de Saint-Clément (*Pèr lou bateja dóu Felibrihoun de Sant-Clement*).	95
Bigot (A.).	
Notre vieux Maître d'école (*Noste viel Mestre d'Escolo*)	250
Bistagne (Charles)	
Terre et Mer (*Terro e Mar*).....................	143
Contre l'Amour (*Contro l'Amour*)................	144
Boillat (F.).	
Les Félibres (*Li Felibre*).......................	209
Bonaparte-Wyse (William-Charles)	
Je reviendrai (*Retournarai*).....................	89
Pour Antoinette de Beaucaire (*Pèr Antounieto de Bèucaire*).....................................	91
Bonfilhon (Auguste).	

	Pages
Ritournelle (*Retournello*)........................	225

Bonnet (Baptiste).
    Rêve d'amour (*Pantai d'amour*)................ 224

Borel (A.).
    Pâques (*Pasco*)................................. 236

Bourrelly (Marius).
    Les Bœufs de la Camargue (*Li Biòu de la Camargo*) 97
    Le Vice-Syndic (*Lou Vici-Sendi*)................ 100

Boy (Charles)
    La Jeanne d'Arc de la princesse Marie (*La Jano d'Arc de la princesso Mario*)....................... 239

Bresson (L'abbé).
    Saint Martin et le Maréchal (*Lou Manescau de sant Martin*)....................................... 183

Brunet (Jean).
    A un Ramelet de lierre dans un livre (*A-n-un Brout d'Eurre dins un libre*)........................ 57

Bruneau (Bénézet).
    La Cour d'Amour des Baux (*La Court d'Amour di Baus*).. 204

Caire (G. du) — **Gonzague de Rey**.
    Le roi Charlemagne à Sainte-Anne d'Apt (*Lou rèi Carle-magne à Santo-Ano d'At*)................ 157

Canonge (Jules).
    Madelon (*Madeloun*)............................ 61

Cassan (Denis).
    Le Turc de la Foire (*Lou Turc de la Fièro*)...... 117

Castil-Blaze (Joseph).
    Lise (*Liso*).................................... 9

Chailan (Alfred).
    Le Château des Bormettes (*Lou Castèu dei Bourmeto*) 156

	Pages
Chalamel (Ernest).	
Le Blé (*Lou Blad*).............................	241
Charvet (G.).	
Bourrasques et Accalmies (*Aurige e Calamo*)......	105
Croix de Provence (Inscription de la)............	168
Crousillat (Blaise).	
La Reine des Artisanes (*La Rèino deis Artisanoto*)..	53
Daniel (Mme Lazarine).	
Sainte-Anne d'Apt (*Santo-Ano d'At*)..............	132
Dauphin (Casimir).	
Les Vieux Chemins (*Lei Vieils Camins*)...........	216
Descosse (Charles).	
Un Bouquet aux Dames (*Un Bouquet i Damo*).......	220
Despourrins (Cyprien).	
Chanson (*Cansou*)..............................	300
Donnadieu (Frédéric).	
A Pétrarque (*A Petrarco*).......................	252
A Lauro (*A Lauro*)..........	253
Dumas (Adolphe).	
Homère (*Oumèro*).............................	1
Emery (Le chanoine).	
La Jambe de bois (*La Cambo de boues*)............	181
Espagne (Le docteur Adelphe).	
A Jules Gaussinel (*A Juli Gaussinel*).....	258
Estre (Frédéric).	
Sonnet (*Sounet*)...............................	206
Faure (Maurice).	
La Vénus noire (*La Venus negro*).........	268
La Vénus de Gordes (*La Venus de Gordo*).........	269
Fourvière (D. J.-Xavier de).	
Le Passereau (*Lou Passeroun*)....................	194

	Pages
Frizet (Malachie).	
L'Astre (*L'Astre*)....................................	151
Garde (Mlle Reine).	
Aux Troubadours assemblés à Aix (*Eis Trouhadours assemblas à-z-Ais*).................	121
Garnier (Le R. P. dom).	
Ipsa conteret caput tuum (Elle écrasera ta tête).....	190
Gaussen (Paul).	
Devant un Crucifix (*Davans un Crucifix*)..........	265
Estivale (*Estivenco*)..................................	266
Gaussinel (Jules).	
C'est sa mère qui nous l'a pris (*Sa maire l'es vengut cerca*)......................	254
Gaut (Jean-Baptiste).	
Laure (*Lauro*)..	106
La Mort (*La Mouert*)................................	107
A mon ami Frizet (*A moun ami Frizet*)..........	108
Giéra (Paul).	
Les Fiançailles de Marguerite (*Li Fianço de Margarido*).............................	59
Girard (Marius).	
Les Chercheuses d'Escargots (*Li Bouscairis de Cacalaus*).................................	154
Glaize (Antonin).	
Marguerite (*Margarido*).............................	271
Gleyse (Charles).	
A l'Autre (*A l'Autro*)................................	285
Gleyses (Clair).	
La Grangière (*La Grangieiro*).....................	288
Goirand (Mlle Léontine).	
A mon amie Amélie Mir (*A moun amigo Melio Mir*).	137

	Pages
Le Petit Oiseau (*L'Auceloun*)	139
A Madame Xavier de Ricard (*A Madamo Savié de Ricard*)	140

Gourdou (Paul).
L'Antique Carcassonne : Le Troubadour (*L'Antic Carcassouno : Lou Troubadour*) 291

Gras (Félix).
Réginel (*Reginèu*) 74
Annonciade (*Anounciado*) 77
Annonciade en l'absence de Réginel............. 78
La Chanson des Cigaliers (*La Cansoun di Cigalié*).. 81

Guillibert (Hippolyte).
La Sainte-Estelle à Roquefavour (*La Santo-Estello à Roco-Favour*)........ 170

Huot (Joseph-Henri).
Au bord de la Mer (*Au bord de Mar*)............. 199

Imbert (L'abbé).
Le Massacre de Lérins (*Lou Chapladis de Lerin*)... 186

Jasmin (Jacques).
Marseille (*Marseillo*)............................ 304

Jouveau (Elzéar).
Les Plaintes d'une Rose (*Li Plagnun d'uno Roso*) ... 201
A Camoëns (*A Camoens*) 202

Laforgue (Camille).
La Bohémienne *(La Boumiano)* 276

Lambert (L'abbé).
La Grotte du Lait (*La Baumo dóu La*)............ 172

Langlade (Alexandre).
La Viredone (*La Viradona*)........................ 279

Laurès (Jean).
Le Paysan (*Lou Paisan*)........................... 283

DES MATIÈRES 313

                                                                                    Pages

Lieutaud (Victor).
    La Bonté (*La Bounta*) 198
Magnan (L'abbé).
    Au Rédacteur du « Brusc » (*A l'Adoubaire dóu « Brusc »*) 197
Marcelin (Remy).
    A Rosette (*A Zeto*)........................ 235
Martelly (Fortunat)
    La Violette et la Pensée (*La Viouleto e la Pensado*) . 205
Martin (Mlle Valère) — (Mme **d'Arbaud**).
    Le Mercredi des Cendres (*Lou Dimècre Cèndre*).... 134
Mathieu (Anselme).
    Le Bain (*Lou Ban*)........................ 38
    La Peureuse (*La Paurouso*).. 39
    L'Attente (*L'Espèro*)...................... 41
Mayer (J).
    Le Troubadour (*Lou Troubaire*) 207
Mazière (Pierre).
    Nos Filles (*Nouestei Fiho*). 222
Michel (Alphonse).
    La Clef des Cœurs (*La Clau di Cor*)............ 152
Mir (Achille).
    Temps passé (*Tèms passat*)... 274
Mistral (Frédéric).
    A Lamartine, dédicace de *Mirèio*............. 12
    Magali (*Magali*)........................... 14
    Romanin (*Roumanin*) 18
    L'Arlésienne (*L'Arlatenco*).................. 24
    Sur la mort de Requien (*Esperit Requien*)........ 27
Monné (Jan).
    Jean de Recaud (*Jan de Recau*)............... 101

Moquin-Tandon (Alfred).
   La promenade du Docteur (*La Permenada dóu Douctou*).. 245
Morel (Hyacinthe).
   La Romance du Chien (*La Roumanço dóu Chin*)... 302
Pichot (Amédée).
   Les Lamentations de la Villa-Bozon (*Li Plagnun de la Villa-Bozon*).. 63
Poncy (Charles).
   Les Foucades (*Lei Foucado*)............................. 227
Ricard (Mme Xavier de).
   Les Bords du Lez (*Lous Bords dóu Lez*)............. 136
Rigaud (Le premier président).
   A F. Mistral nouvellement marié (*Au nòvi F. Mistral*) 97
Roque-Ferrier (Alphonse).
   Adieu ! (*Adessias !*)....................................... 259
Roumanille (Joseph).
   La Jeune fille aveugle (*La Chato avuglo*)............ 29
   Didette (*Dideto*).. 31
   Pour la Vendange (*Pèr Vendemio*)................... 33
Roumanille (Mme J.).
   La Sorcière du Castelan (*La Masco dóu Castelan*)... 125
   La Chambrette (*Lou Chambroun*)..................... 129
Roumieux (Louis).
   Le Cantique de l'Amour (*Lou Cantico de l'Amour*).. 66
   La Cigale (*La Cigalo*)................................... 68
   A Deux nouveaux mariés (*A Dous nòvi*)............ 70
   Elle et Lui (*Elo e Èu*).................................. 73
Roumieux (Mme Delphine).
   Les Deux Baisers (*Li Dous Poutoun*)................ 130
   Carte postale de Louis Roumieux à François Delille, sur la traduction précédente........................ 131

	Pages

Roussel (Ernest).
  Blé de Lune (*Blad de Luno*) 238
Roux (L'abbé Joseph).
  Clément VI : Pierre Rougier (*Clement siéis : Pèire Rougié*) 195
Saboly (Nicolas).
  Dialogue entre saint Joseph et l'Hôtelier (*Dialogo de sant Jousè emé l'Oste*) 297
Saint-René Taillandier (Georges).
  Le Diou coquin (*Lou Diéu couquin*) 210
Sans (Junior).
  Une Fleur de Mai (*Uno Flou Maienco*) 281
Savinien (Le Frère).
  Le Pêcheur du Rhône (*Lou Pescaire dóu Rose*) 191
Tavan (Alphonse).
  Les Frisons de Mariette (*Li Frisoun de Marieto*) 42
  Les Frisons de Mariette, trente mois après (*Li Frisoun de Marieto, trento mes après*) 45
  Philosophie (*Filousoufio*) 47
  Toast à nos ancêtres (*Brinde à nosti rèire*) 48
  Sonnet à une Dame de Noves (*Sounet à uno Nouvenco*) 51
  Inscription de la Croix de Rognac 52
Théobald (Le Frère).
  L'Alouette (*La Calandro*) 179
Travèsso (la Félibresso de la).
  A Mlle Adèle Souchier, de Valence (*A Mlle Adèlo Souchier de Valènço*) 142
Verdot (Auguste).
  Les Fiancés de Trinquetaille (*Li Nòvi de Trenco-taio*) 83

	Pages
La Mer Méditerranée (*La Mar d'Entre-terro*)......	87
Le Soleil couchant (*Lou Tremount*).............	88

Vidal (François).
    Le Tambourinaire (*Lou Tambourinaire*).......... 110
    La Cigale et la Fourmi (*La Cigalo e la Fournigo*)... 114

Villeneuve-Esclapon (Chrétien de).
    La Mer (*La Mar*)............................. 148

FIN DE LA TABLE

ERRATUM

Page 100, ligne 16, au lieu de *Vice-Sendi*, lisez : *Vici-Sendi*.

DU MÊME AUTEUR

EN PRÉPARATION :

FLOUR DE PROUVÈNÇO

Recuèi de Pouèsio prouvençalo, emé la tradoucioun franceso e de noto. Un voulume, in-18, fourmat Charpentier, en dos partido : I. FLOUR DE MAR; II, FLOUR DE CAMPÈSTRE.

www.ingramcontent.com/pod-product-compliance
Lightning Source LLC
Chambersburg PA
CBHW060634170426
43199CB00012B/1550